STB 상생방송 『환단고기』 북 콘서트

카자흐스탄과
단군조선의 아사달 문명

카자흐스탄편

STB상생방송 환단고기 북 콘서트 [카자흐스탄편]

카자흐스탄과 단군조선의 아사달 문명

발행일	2024년 12월 20일 초판 1쇄
저 자	안경전
발행처	상생출판
발행인	안경전
주 소	대전 중구 선화서로 29번길 36(선화동)
전 화	070-8644-3156
F A X	0303-0799-1735
홈페이지	www.sangsaengbooks.co.kr
출판등록	2005년 3월 11일(제175호)
ISBN	979-11-91329-57-5
	979-11-91329-13-1 (세트)

한글판 STB 상생방송 『환단고기』 북 콘서트 카자흐스탄편

카자흐스탄과 단군조선의 아사달 문명

안경전 | 지음

상생출판

인류의 가장 큰 희망인 개벽문화를 선도하고 상생의 새 세계를 열기 위해 혼신의 힘을 기울이는 역주자는, 21세기의 중심 화두를 개벽과 상생에 두고 앞으로 열리는 가을철 후천 영성문화의 참모습을 전하는 저술과 강연 활동으로 이 땅의 모든 사람들에게 참된 성공과 행복의 길을 열어주고 있다.

특히 역주자는 지난 30여 년간 각고의 노력으로 인류 시원문명의 원전이자 한민족 신교문화의 경전인 『환단고기』 역주본을 출간하고, 전국 대도시와 세계 주요 도시를 순회하며 우리의 국통맥을 바로잡는 〈『환단고기』 북 콘서트〉를 통해 민족의 자긍심을 드높이고 있다.

환국, 배달, 조선 이래 민족의 모태종교인 신교神敎의 맥을 이은 증산도 진리의 대중화와 세계화를 위해 1998년 증산도 상생문화연구소를 개설하였고, 2007년 한韓문화 중심채널인 STB상생방송을 개국하여 민족문화 창달에 힘쓰고 있다.

역주자 안 경 전安耕田

아스타나의 한 샤트르Khan Sharyt

| 머리말 |

　〈『환단고기』 북 콘서트 - 카자흐스탄편〉은 한여름 밤, 시원한 영화관에서 잘 구성된 웅장한 3막의 영화를 보는 듯할 것입니다. 3부로 구성된 틀을 통해 동양과 서양으로 나뉘기 이전의 문화, 인류의 공통된 뿌리문화를 전해줍니다. 마치 전 세계 유적지를 한 곳에서 만날 수 있는 '초대형 역사박물관'을 둘러보는 것처럼, 인류 공통의 문화 코드를 통해 인류 정신사의 발자취와 문화 정신을 찾아가는 흥미로운 시간이 될 것입니다.

　〈1부 성찰省察의 시간〉에서는 왜곡된 역사의 어두운 그림자를 살펴보고, 〈2부 각성覺醒의 시간〉에서는 생생한 역사현장으로 안내하는 듯한 영상과 사진을 통해 찬연히 빛나는 뿌리문화 시대의 참모습을 만나볼 것입니다. 그리고 〈3부 치유治癒와 새로운 비전의 시간〉에서는 진정한 근대의 출발점인 동학과 참동학의 가르침을 통해 다시 회복될 천지 광명의 역사를 그려줄 것입니다.

환기 9221년, 신시개천 5921년, 단군기원 4357년,
서기 2024년 12월
역주자　안 경 전安耕田

‖ 목차 ‖

『환단고기』 북 콘서트 현장

본서는 증산도 안경전 종도사님이 2017년(道紀 147년) 10월 19일, 알마티 카자흐스탄 호텔에서 열린 〈『환단고기』 북 콘서트〉의 현장 강연을 기반으로 자료와 내용을 보강하였습니다.

유라시아 카자흐와
단군조선의 아사달 문명

Цивилизация Казахов Евразии и столицы
Чосона Тангунов, города Асадал

알마티
카자흐스탄 호텔
KAZAKHSTAN HOTEL

텡그리 천신이 깃든 천산.

동서양 인류가 수천 년 유라시아 대륙을 오가며

삶의 애환과 문명을 나누어온 위대한 길목,

이곳 카자흐스탄은 동서양 사람과 문명의 교차로였고

인류 창세역사와 시원문화가 태어난

문명의 자궁이었습니다.

카자스흐탄과 한국은 오랜 형제의 나라입니다.

고려인의 중앙유라시아 이주 80년을 맞는

뜻깊은 이 자리에서 우리는 먼저 이 땅에 서린

선조들의 발자취를 더듬어 봅니다.

일제강점기 독립운동을 위해 혹은 생존을 위해

만주와 연해주로 떠나야 했던 우리 고려인 동포들

그들은 잃어버린 조국을 되찾기 위해

고난과 역경 속에 목숨을 아끼지 않고 헌신했습니다.

하지만 역사의 비극 속에 러시아 연해주의 17만 고려인은

조국으로 돌아오지 못하고 화물열차에 실려

6,000km 떨어진 이곳으로 강제이주 됐습니다.

이곳 카자흐스탄은,

낮선 타향에서 추위와 배고픔을 견디며 살았던

고려인들의 가슴 저미는 슬픔과 애환이 서린 곳입니다.

남부 도시 크질오르다에 한 고려인이 잠들어 있습니다.

바로 항일무장투쟁의 전설, 홍범도 장군입니다.

그는 한민족과 인류의 시원역사를 밝히는

『환단고기』 출간에 오동진 장군과 함께

자금을 지원했던 민족의 영웅입니다.

그렇게 80년, 눈물과 질곡의 삶을 이겨내고

오늘! 우리는 이 역사의 땅 카자흐스탄에서 다시 만났습니다.

카자흐스탄과 한국은

역사와 문화의 뿌리를 같은 곳에 두고 있다는 것이

수많은 연구결과로 밝혀졌습니다.

천신을 섬겨온 카자흐스탄의 텡그리 문화와 한민족의 삼신 문화!

카자흐스탄의 수도인 아스타나와 단군조선의 수도 아사달!

카자흐스탄의 국가경영 제도였던 삼주스와

단군조선의 삼한관경제!
카자흐스탄의 우주목宇宙木 바이테렉과
한민족의 신단수神壇樹!
과연 이것들은 서로 어떻게 연결되어 있을까요?

두 나라의 뿌리 깊은 인연을 넘어
유라시아 대륙, 나아가 지구촌 문명의
진정한 창세역사와 원형문화의 실체는 무엇일까요?

놀랍게도 그 모든 대답과 진실을 밝혀주는
한 권의 책이 오랜 세월을 넘어 우리에게 전해졌습니다.
인류 창세역사의 실체와 동서양 원형문화의 비밀을
확연히 드러내주는 놀라운 기록 『환단고기』

『환단고기』는 7세기 신라의 대고승 안함로에서
고려시대 말기 원동중, 이암, 범장 세분을 거쳐
조선의 이맥까지 무려 약 1천 년 세월에 걸쳐
당대의 위대한 지성들이 저술한 역사 문화 경전입니다.

유라시아대륙의 동쪽, 지금은 중국 땅인 만리장성 북쪽

홍산紅山 일대에서는 기존 세계 4대 문명보다
훨씬 앞선 유적과 유물들이 발굴된 바 있습니다.
바로 홍산문명입니다.(9천년~5천5백년 전)

놀랍게도 『환단고기』는
홍산문명과 세계 4대 문명의 실체는 물론
인류 시원역사와 원형문화의 참모습을
밝혀주는 유일한 기록입니다.

『환단고기』가 전하는 세계 문명의 발원지이자 중심지는
지금 우리가 함께 서 있는
중앙유라시아 천산과 파미르고원 일대입니다.
9천여 년 전 인류 최초의 나라,
환국이 이곳에 세워졌습니다.

환국 말기, 환웅은 3천 명 무리를 이끌고
동방으로 가서 백두산에 배달국을 세워 환국을 계승했습니다.
배달국은 다시 단군조선, 북부여, 고구려를 거쳐
오늘의 대한민국에 이르렀습니다.

이처럼 대한민국은 중앙유라시아 환국에서
이주한 선조들이 세운 나라입니다.

유라시아의 드넓은 초원은
스키타이, 흉노, 돌궐, 몽골을 비롯한
수많은 유목민족이 힘을 키워
광대한 제국을 세우고 통치했던
고대 인류사의 활무대였습니다.

유목민족은 주변 세계와의 문화교류와 교역을 통해
위대한 문명의 길, 실크로드를 개척했습니다.
유라시아 대륙의 한가운데서 시작된
환국의 원형문화는 여러 유목민족에 의해
산을 넘고 사막을 지나 나비의 양쪽 날개처럼
동과 서로 퍼져나갔습니다.

이처럼 실크로드는 환국의 원형문화를
전 지구촌의 보편문화로 확산시키는
'역사와 문명의 지렛대'가 되었습니다.

20세기 고고학의 대사건으로 손꼽는 황금갑옷인간 발굴!
카자흐스탄 고대 황금문화의 절정을 보여주는
황금인간의 문화적 의미는 무엇일까요?

『환단고기』에 의하면 환국시대 사람들이
천신 텡그리 삼신의 가르침에 따라
천지와 하나 되어 살아가는 광명한 사람
'환桓'이 되는 인생의 꿈을 안고 살았습니다.

21세기 지구촌은 질주하는 문명에 가려진
숱한 난제와 고통의 질곡 속에서 신음하고 있으며
75억 인류는 새 시대, 새 문화의 출현을
간절히 기다리고 있습니다.

오늘 만남이 이 땅에 잠든 고려인들과 독립운동가들의
오랜 원과 한을 끌러내는 해원의 한마당이 되고
동서 문명이 지구촌 한가족 문화,
광명한 새 시대를 열어가는
위대한 한 걸음이 되기를 축원합니다.

1부

하늘·땅·인간의 조화

유라시아 유목문화

카자흐스탄과 중앙 유라시아에 몸담고 계시는 고려인,
우리 한국인 동포 여러분과 카자흐스탄 형제자매 여러분,
참으로 반갑고 고맙습니다.

"나는 자랑스러운 고려인"

우리는 지난 1937년 9~10월에 있었던 고려인 강제 이주 사건을 잊지 말아야 합니다. 약 20만 명의 동포가 시베리아 동북쪽 하바롭스크에서 열차를 타고 6,000km에 이르는 머나먼 길에 오르는 도중에 시베리아의 차가운 가을 기운에 1~2만 명이 아사하고, 병이 들었습니다. 우리 형제, 부모의 시신이 열차 밖으로 내던져졌습니다.

그리고 이곳에 자리 잡은 이후 이제 2세대, 3세대의 고려인이 탄생했습니다. 이러한 역사가 우리 삶에 끊임없는 자극이 되기를 희망합니다. 우리가 우리 역사와 문화, 그리고 한국인의 전통문화, 영성 문화, 기도 문화를 스스로 생활 속에서 지켜나갈 때 '나는 자랑스러운 고려인'이라는 것을 자각할 것입니다. 우리가 진정 고려인이 될 때, 제2의 조국 카자흐스탄을 진정으로 사랑할 수 있습니다.

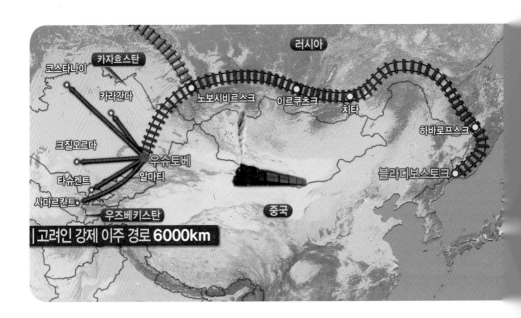

최근에 역사학의 해석 방식과 서술 방법이 재미있게 바뀌고 있습니다. 지금 미주 지역에 있는 몇몇 대가들이, 역사를 들여다보고 해석하려면 인류 공동체 삶의 전체 대세를 볼 줄 알아야 한다고 합니다. 그걸 한마디로 '빅 히스토리Big History'*라 합니다. 이 지구촌 역사학의 새로운 담론은, 인류가 진정으로 하나가 되기 위해서 역사를 보는 방식, 역사를 해석하는 자세를 바꾸어야 한다는 것입니다. 모든 학문을 종합해서 이 지구 문명이 지금 어디에 와 있는가, 어디를 향해 가고 있는가, 오늘 우리는 어디에 서 있는가 하는 것을 알아야 한다는 것입니다.

그것을 동방의 역사학으로 말하면 '다시 개벽'입니다. 지구촌 인류는, 대자연 우주는 개벽을 향해

* 빅 히스토리는 역사에 대한 관점을 넓게 확장하여 빅뱅에서 현대에 이르기까지 137억 년의 역사를 살펴보고, 미래에 대한 큰 그림을 그리는 학문적 움직임이다. 과학과 인문학을 통합한 융합학문으로 데이브드 크리스천, 이언 크로프턴, 제러미 블랙, 유발 하라리 등이 빅히스토리의 대표적 권위자이다. 2011년 빌 게이츠가 1,000만 달러를 투자함으로써 "빅 히스토리 프로젝트Big History Project"가 시작되었다.

카자흐스탄 천산산맥

서 가고 있다는 것입니다. 정말로 우리가 이제까지 생각하지 못한 새로운 세상이 열리고 있습니다. 하늘과 땅, 그리고 우리가 살고 있는 지구 공동체 인류 문명이 새로운 문명사회로, 새로운 우주질서로 들어서고 있습니다.

지난 19세기 후반, 1860년 4월 5일에 동학이 탄생했습니다. 이 동학에서 선언된 메시지가 무엇인가? '다시 개벽'입니다.

한 세대 후인 1894년에 동학혁명이 일어났습니다. 동학 3백만 교도 가운데 일어난 60만 동학 농민군의 저항이 일본 제국주의에 의해서 참혹히 무너지고, 한 세대 후에 참동학 6백만 도군道軍이 나와서, 상해上海 독립운동 자금을 지원하는 사령탑이 되었습니다.

동학과 참동학은 종교가 아닙니다. 인류의 새로운 진정한 문화운동이고 지구촌 한 가족 새 문화권에 대한 대도의 진리입니다. 그러나 이 참동학 증산도 사상에 대해서는 실제 제대로 연구가 안 되고 있습니다. 그래서 근본 주제, 개벽관이 많이 왜곡되어 있습니다.

동학과 참동학 증산도 사상에서 정리된 빅 히스토리, 거대담론 역사학에서 볼 때 우주 창조, 우주 진화의 역사, 지구 탄생 그리고 지구의 진화 역사는 어떤 과정을 거쳐서 여기까지 왔으며, 지금 우리는 어디에 와 있는가? 이런 문제에 대한 답을 찾으려는 것이 바로 동학과 참동학 사상에서 제기하는 개벽사관開闢史觀입니다.

쉬운 말로 하면 이 우주에도 일 년 사계절이 있다는 것입니다. 지구의 일 년 사계절처럼 우주에도 봄여름과 가을·겨울이 있습니다. 그런데 이번 지구의 인류는 봄여름 선천 세상을 이제 마무리 지으면서 우주의 가을철로 들어가고 있습니다. 여름철 말에서 가을 천지로 들어가는 개벽기입니다. 이것은 종말론이 전혀 아니고 지금은 자연 질서와 지구환경이 전혀 새롭게 열린다는 것입니다. 지금 인류는 우주의 여름과 가을이 바뀌는 환절기에 살고 있습니다. 이것이 모든 종교에서 외치고 있는 종말론의 실상인 것입니다. 이러한 우주관을 근본으로 해서 역사를 봐야 합니다.

오늘 다 함께 이 동서 문명의 원형사상, 시원문화의 영혼이 아주 강렬하게 살아있는 유라시아의 중심 카자흐스탄에서 한국과 카자흐스탄, 카자흐스탄과 한국의 공통된 문화의 원류 정신, 원

무극대도 닦아내니 오만년지 운수로다.
(『용담유사』「용담가」)

상제님에게 도통을 받은 최수운 대신사(1824~1864)

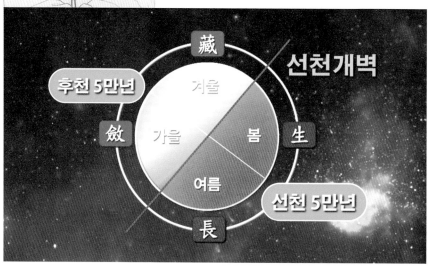

藏

선천개벽

후천 5만년

겨울

斂

가을

봄 生

여름

선천 5만년

長

형 정신이 무엇인지 살펴보면서 우리가 진정으로 하나가 될 수 있는, 나아가서 동서 인류가 진정으로 한 가족으로 다시 거듭날 수 있는 계기가 되기를 소망합니다.

결론은 역사전쟁입니다. 문화의 뿌리를 찾아야 생존할 수 있는 역사전쟁입니다. 인류 문명사의 질서, 나아가서는 우주질서의 틀이 바뀌는 역사전쟁입니다.

우리가 한 인간으로 몸을 받아 살고 있는 이 세상의 모든 변화의 근본은 무엇인가? 그것은 바로 대자연의 중심에 살고 있는 우리 한 사람, 한 사람이 자신의 근본을 바로 세우는 일입니다. '참 나', 즉 진아眞我(Trueself)를 바로 세우는 삶입니다. 그것이 우리가 이 세상에 온 유일한 목적인 것입니다.

그러면 하루하루 숱한 경쟁과 자기 한계라는 어려움을 겪고 있는 21세기 첨단 문명의 경계에서 어떻게 참된 나를 바로 세울 수 있는가? 참된 나, 진아란 무엇을 말하는가? 내 삶의 내면의 참된 목적은 무엇인가? 그것을 이 카자흐스탄과 대한민국의 잃어버린 문화와 역사와 혼 속에서, 원형문화 역사 속에서 찾을 수 있다면 그것보다 더 신명나고 보람 있는 사건은 없을 것입니다.

이 유라시아 심장부 카자흐스탄에는 인류 원형문화의 주제가 녹아있습니다. 핵심 주제 몇 가지를 즐거운 마음으로 정리해 보면서, 바로 그것이 인간으로 태어난 나의 삶의 근본 주제이며 진리의 근본 명제라는 것을 감동스럽게 느끼는 계기가 되기를 소망합니다.

지구문명의 자궁, 중앙유라시아

카자흐스탄과 한국은 문화적으로 아주 가까운 나라입니다. 문화 인연이 동서 어느 나라보다도 가깝다고 할 수가 있습니다. 카자흐스탄 정부에서 2016년 '단군왕검 기념주화' 2천 개를 만들어서 찍었다고 하는데, 단군왕검의 초상이 잘 새겨져 있습니다. 그런데 역사를 잘 모르니까 곰과 호랑이 토템을 갖다 놓았습니다. 그리고 위에는 봉황새인지 신비로운 새가 날고 있습니다.

이제 한국과 카자흐스탄이 문화적 뿌리가 같은 형제라고 외칠 수 있는 아주 흥미진진한 내용을 한번 정리해 보기로 하겠습니다.

중앙 유라시아 또는 천산天山과 그 아래 곤

단군왕검 기념주화

알타이산맥

카자흐스탄

천산산맥

파미르고원

타림분지
타클라마칸사막

곤륜산맥

히말라야산맥

중앙 유라시아
지구 문명이 탄생한 어머니 자궁!

륜산崑崙山을 답사해 보면, 이곳은 지구 문명이 탄생한 자궁이라는 것을 알 수 있습니다. 지구 문명의 어머니 자궁, 또는 동서 문화가 끊임없이 교류하는 관문인 것입니다. 동서의 문화, 종교, 정치, 사상, 의식주 생활문화가 이곳에서 만나고 조화되고 융합되는 곳입니다.

카자흐스탄 문화의 원류 정신의 상징을 볼 수 있는 수도 아스타나로 한번 가볼까요? 1997년 알마티에서 아스타나로 수도를 옮기고 나서, 카자흐스탄의 시원 역사문화를 아는 누르술탄 나자르바이예프 대통령이 2002년 동서 문화, 그 창세문화 원형정신을 상징하는 바이테렉 타워Bayterek Tower*를 세웠습니다.

저 황금알은 우주의 태양, 생명의 알을 상징합니다. 하늘과 땅, 인간이 만나는 신단수divine tree, 신성한 나무를 상징합니다. 동서고금 인류의 소망, 우리들 삶의 존재 목적, 모든 종교의 수행자들이 도통을 위해서 수십 년 동안 동굴에서, 오지에서 수행을 하는 목적이 뭐냐? 바로 이 우주의 광명, 우주의 빛을 찾으려는 것입니다.

* 태양새 삼족은 우주목 바이테렉에 둥지를 틀고 생명의 황금알을 낳아 키우며 태양이 뜰 때는 태양을 떠받치고 하늘로 날아서 세상을 비춘다고 한다.

바이테렉 타워의 꼭대기에 가보면, 대통령의 손을 찍은 조형물에 기둥이 세 개가 있습니다. 이 나라 대통령의 문화정신을 볼 수 있습니다. '모든 카자흐스탄 국민은 나하고 마음을 교감하자' 해서 누구든 대통령 손과 하나가 되는 것입니다. 그런데 저 바탕이 바로 정삼각형으로 되어 있습니다. 그리고 저 꼭대기에는 북극성을 상징하는 별 하나가 있습니다. 이것이 오늘 인류가 창세문화의 진리 영혼을 찾는, 역사의 근본정신을 보는 핵심 주제가 됩니다.

그런데 유목문화를 상징하는, 카자흐스탄의 모든 걸 상징하는 또 다른 볼거리가 있습니다. 바로 카자흐스탄의 국장國章입니다. 국장을 보면 좌우에 유목문화의 중심인 말이 있습니다. 날개 달린 천마天馬가 있습니다.

카자흐스탄
공화국의
나자르바예프
대통령

현직 대통령의 손이 새겨진
삼각 조형물

카자흐스탄의 상징문화 국장國章(우)과
카자흐스탄 국기(좌) 태양과 태양새인 삼룩

　그리고 국기를 보면 태양이 있고, 태양과 함께 사는 '삼룩'이라 하는 태양새가 그 아래에 있습니다. 이걸 동방 원형문화에서는 태양 속의 새, 다리가 셋 달린 삼족오三足烏라고 합니다. 이처럼 카자흐스탄에서는 우리의 몸과 마음의 본성, 이 우주의 본성인 광명을 문화 상징으로 갖다 놓고 있습니다.

　지구촌 동서 역사가 안정기에 있다가 격동기에 들어가고, 뒤집어지고, 새로운 역사 판이 열린 것은 이 동서를 오고 간 유목문화의 칸, 대칸들의 탄생·몰락과 함께 이루어졌습니다. 이 대칸의 삶의 근본, 영혼의 중심에는 바로 우주를 다스리는 신, 천신, 텡그리가 있었습니다. 그래서 칸과 텡그리의 일체 관계와 그 문화의 주요 내용을 한번 알아보아야 합니다.

　그래서 오늘의 3대 주제를 정해봤습니다. 첫째로 이 중앙 유라시아 유목문화와 카자흐스탄의 뿌리, 시원문화를 살피고, 둘째로 카자흐스탄과 단군조선의 아사달 문명, 그리고 셋째로 유라시아 문명의 중심 주제를 살펴보겠습니다.

유럽과 아시아의 교류

역사뿐만 아니라 한 사람의 삶도 주어진 생존환경의 소산입니다. 유목문화도 마찬가지입니다. 호주 시드니대학에 있는 김현진 교수는 『The Huns, Rome and the Birth of Europe』(2013)라는 책에서, 우리가 '유럽과 아시아를 분리하는 것은 삐뚤어진 이념적 환상의 무의미한 행동'이라 했습니다. 잘못된 교육에 의해서 동과 서로 나누는 이분법적 사고를 한다는 것입니다.

지금부터 약 6천 년 전에서 4천 년 전까지 대형 쿠르간(대형 고분) 문화를 가진 사람들이 대거 유럽으로 들어갔고, 4천 년 전에는 전투 마차를 가진 유목민들이 대거 유럽으로 이주해 갔는데(라인하르트 쉬메켈, 『인도유럽인, 세상을 바꾼 쿠르간 유목민』), 트라키아, 히타이트, 힉소스 이런 족속들이 그 문화 영향을 받아서 아주 강력한 유목문화를 만들었습니다.

프랑스 왕궁박물관을 가보면 7천 년 전에 이미 그 조상님들이 자기 조상을 모시는 신단을 가지고 프랑스로 들어왔다는 것을 알 수 있습니다. 프랑스에서는 '9천 년 전에서 7천 년 전 사이에는 큰 문화적인 도약이 없다가 갑자기 7천 년 전에 동쪽에서 사람들이 농경법을 가지고 들어와서 조상신을 섬기기 시작했으며, 가정 신단을 만들고 조상에게 제사를 지내기 시작했다.'고 합니다. 그리고 7천 년 전에는 농경법이, 7,000년 전~6,000년 전 사이에는 거대한 고인돌 문화가 들어온 것입니다. 프랑스에는 고인돌이 2만 개나 있습니다. 제가 그것을 보고 깜짝 놀랐습니다.

　　우리가 중동이라든지, 인도 북부에 있는 유라시아 전체 일곱 개 '스탄' 나라들의 역사를 보면, 대부분 공통적으로 유목문화의 역사 경험을 가지고 있습니다.

* 연세대 역사문화학과 지배선 교수는 2011년 5월 백산학보 제89호 '사마르칸트와 고구려 관계에 대하여'에서 "바보온달로 유명한 고구려 온달(溫達·?~590) 장군이 우즈베키스탄 사마르칸트에서 건너온 왕족의 아들일 가능성이 크다"고 했다.

한국과 중앙 유라시아는 고구려, 백제, 신라 때보다 앞선 단군조선 시대 이전부터 이미 끊임없이 교류를 했습니다. 예를 들면, 우리나라 고구려에 바보 온달溫達(?~590)로 유명한 장군이 있었습니다. 온달은 토박이 고구려 사람이 아니라 아버지가 소그디아(강국康國, 현재 우즈베키스탄 사마르칸트)에서 건너온 왕족*이라는 연구가 있습니다. 신라의 괘릉이라든지 흥덕왕 왕릉 앞에 보면 소그디아 사람과 얼굴이 똑같이 생긴 모습의 무인석상武人石像이 서 있습니다.

페르시아의 대서사시 쿠쉬나메Kushnameh는 8백쪽에 이르는 시 가운데 5백쪽 이상이 신라 공주와 페르시아 왕자님의 결혼 이야기입니다. 해상왕국의 백제는 신라보다 오히려 더 오랜 세월 동안 교류가 있었다고 봅니다.

괘릉 무인석상

흥덕왕릉 무인석상

쿠쉬나메Kush-nameh
한글 번역서 전체 800쪽 중 500쪽이
신라 관련 내용
신라 공주와 페르시아 왕자의 결혼
이야기 등장

쿠쉬나메는 '쿠쉬의 책'이라는 의미로 통일신라 전후의 신라
를 배경으로 만들어진 페르시아의 대서사시이다. 페르시아
의 왕자 '아브틴'이 신라 왕 '태후르'의 딸 '프라랑' 공주와
결혼 후 중국 왕 '쿠쉬'를 함께 무찌른다는 내용은 신라와
사산조 페르시아가 동맹국 관계였음을 보여준다.

| 해상왕국 백제 |

우석대학교 전홍철 교수는 "영상과 함께 하는 실크로드 탐방"에
서 다음과 같이 말했다. "연주문連珠文은 작은 원을 둥근 고리
모양으로 촘촘하게 배열한 문양을 말한다. 연주문은 페르시아
사산조 시기에 크게 유행했다. 백제는 북제와 교류하면서 서역
계통의 문물을 받아들였고, 이 시기에 연주문도 백제로 유입되
었을 것으로 추정된다. 부여 외리 8무늬 벽돌과 미륵사지 석탑
사리장엄에 새겨진 띠모양 연주문은 실크로드 동서 문명 교류가
백제까지 이어져 백제 장식 문양에 뿌리를 내렸음을 보여준다."

영국 옥스퍼드대 비잔틴 연구센터 소장인 피터 프랭코판Peter Frankopan은 『실크로드 세계사』라는 저서에서, '실크로드는 동서양의 제국이 탄생하는 길, 전쟁의 길이요, 천국과 지옥이 엇갈리는 길, 화해의 길, 여러 종교의 믿음이 소통되는 길'이라고도 했습니다. 뿐만 아니라 위기로 가는 길, 초강대국으로 가는 길, 황금의 길 등 아주 여러 가지로 이 실크로드의 주제를 잡았습니다.

유라시아 대륙의 동서 문화 교류는 3대 교통로를 통해서 이루어졌는데 그 세 갈래 길은 북쪽의 초원길, 비단길 실크로드, 바닷길이었습니다. 동서 문화 교류의 중심지로서 중앙 유라시아는 새 역사의 문을 여는 강력한 유목민 제국의 지도자들에 의해 역사가 뒤집어지곤 했습니다. 중앙 유라시아에는 문명의 역동적이고 힘찬 전진이 있었고, '문명의 창조를 위한 파괴'를 위해서 새로운 역사 인물들, 다시 말해서 유목문화의 대칸大汗들이 등장했습니다.

동서문화는 지난 1만 2천 년 전에 빙하기가 물러간 이후 지금 이 순간까지 쉬지 않고 교류를 지속해 온 것입니다.

카자흐스탄의 정체성과 역사

카자흐스탄의 시원 역사를 처음 들었을 때 매우 큰 흥미를 느꼈습니다. 카자흐스탄은 처음에 쌍둥이 세 아들, Aqaris(아카르스), Zhanaris(쟈나르스), Bekaris(베카르스)에 의해서 탄생했다는 것입니다. 그래서 보통 삼 주스(⇒ '백성, 나라'의 뜻) 연방제를 이야기합니다.

| 카자흐스탄의 시원 역사 |

실제로 동방의 삼신문화에서 텡그리(천신, 하느님)는 3수 이법으로 우주 만유를 통치하십니다. 유목문화의 심장부에는 3수 문화가 있습니다. 그래서 삼룍이라는 새는, 우리 한국의 고대 사서 『환단고기』라든지 다른 문서에 나오는 삼족오의 '삼'과 언어학적으로 연관이 있을 것입니다.

삼록 : 카자흐스탄   삼족오 : 고구려

    그래서 신을 단순히 텡그리가 아니라 '삼텡그리', 즉 삼신이라
합니다.

    이 삼신을 유교나 도교의 『노자』, 『장자』에서는 상제님이라 하
고, 『환단고기』 또는 한국의 시원 창세 역사에서는 삼신상제님이
라 합니다. 삼신을 유목문화 언어로 퍼닝punning한 '삼텡그리'는
삼신상제님입니다.

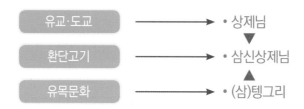

| 문화권별 삼신三神 호칭 |

* 카자흐스탄 정부 문화국
에서 공식 발표한 카자흐
족의 원 조상은 '스키타이,
삭, 흉노'이다. '스키타이'
는 흑해 북부의 유목민족
이고 '삭'은 현現 카자흐스
탄 지역에 거주하던 유목민
이며 '흉노'는 몽골 지역에
거주하던 유목민족이다.

    카자흐스탄 정부에서 발표한 국가 족보, '족보
나무'를 보면 그 뿌리에 스키타이, 삭족, 흉족*이
있고, 그 위에 여러 족속이 있는데 대략 20개 족
속이 있습니다. 오늘날 카자흐스탄에는 130개에
이르는 민족이 살고 있습니다.

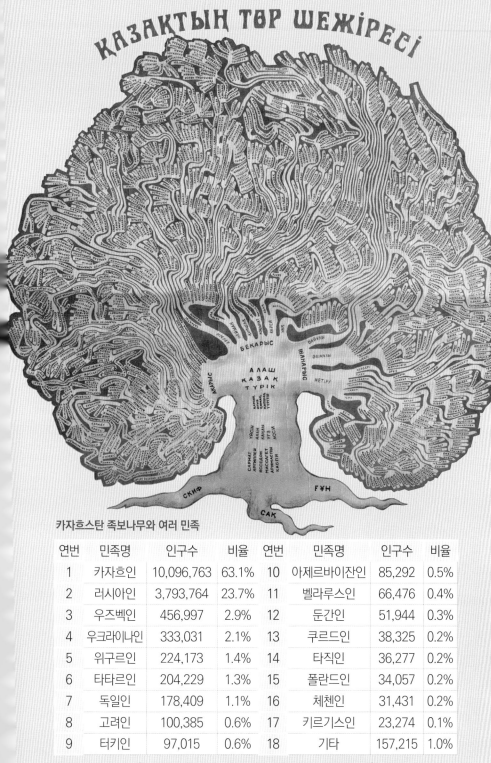

카자흐스탄 족보나무와 여러 민족

연번	민족명	인구수	비율	연번	민족명	인구수	비율
1	카자흐인	10,096,763	63.1%	10	아제르바이잔인	85,292	0.5%
2	러시아인	3,793,764	23.7%	11	벨라루스인	66,476	0.4%
3	우즈벡인	456,997	2.9%	12	둔간인	51,944	0.3%
4	우크라이나인	333,031	2.1%	13	쿠르드인	38,325	0.2%
5	위구르인	224,173	1.4%	14	타직인	36,277	0.2%
6	타타르인	204,229	1.3%	15	폴란드인	34,057	0.2%
7	독일인	178,409	1.1%	16	체첸인	31,431	0.2%
8	고려인	100,385	0.6%	17	키르기스인	23,274	0.1%
9	터키인	97,015	0.6%	18	기타	157,215	1.0%

| 카자흐스탄의 대표적인 민족(2009년 기준) |

이 중 스키타이는 2,800년 전부터 한 500년 정도 카자흐스탄 지역에서 살았습니다. 스키타이를 그리스에서는 '스키타Skitha', 러시아에서는 '스키프Скиф'라 하고 페르시아, 인도에서는 '사카Saka'라 합니다. 또 이란에서는 '스쿠다Skuda'라고 하는데 스쿠다란 활 쏘는 사람입니다. 영어 단어 '쏜다shoot'는 말 또한 여기서 나왔습니다. 큰 활 이夷 자, 동이東夷와 의미가 같습니다.

그리스	• 스키타Skitha
러시아	• 스키프Скиф
페르시아, 인도	• 사카Saka
이란	• 스쿠다Skuda : '활 쏘는 사람'이란 의미

| 스키타이의 별칭 |

'황금인간'의 유물에서 알 수 있듯이, 스키타이가 이 나라에 와서 주인 노릇을 할 때 마치 왕처럼 4천 개에 이르는 금박무늬의 옷을 만들어 입은 모습을 했습니다. 황금인간의 발굴은 20세기의 고고학계에 아주 큰 충격을 주었습니다. 아스타나 박물관이나 알마티 국립중앙박물관, 예

스키타이족Scythian
2,700년 전~2,300년 전(총 4백 년)
경무장을 함
키메르를 몰아내고 남러시아 지역을 장악

슥 박물관(1970년 예슥에서 발굴)을 직접 가서 보면 감탄하지 않을 수가 없습니다. 3천 년 전에 금 가공술이 완벽했다는 것을 알 수 있는데 이런 황금문화를 바라볼 때 정말 감동스럽습니다.

스키타이를 동쪽에서는 '삭' 또는 '색'이라 불렀는데 이 스키타이와 삭은, 동과 서에 살아서 형상적으로는 다르지만 뿌리는 같습니다.『환단고기』를 보면 아주 흥미로운 이야기가 있습니다. 이 흉노의 조상이 삭정索靖이라는 말이 나옵니다.

스키타이족은 이란 계열의 서양인 형상을 하고 있지만, 그들의 문화 정신은 전부 동방 쪽, 동북아의 시원문화 요소를 가지고 있습니다. 말 타고 뒤를 보면서 활을 쏘는 배사법背射法(Parthian shot) 방식은 유목문화에 널리 보편화되어 있었습니다. 말에

배사법背射法 : 달리는 말에서 뒤를 향해 활을 쏘는 법

4천여 점의 금제판으로 장식된 황금갑옷 인간

고구려 등자(6세기) : 아차산 4보루 유적 출토

발걸이(등자鐙子)가 없으면 몸을 자유자재로 할 수 없기 때문에 이런 활쏘기를 할 수 없습니다.

금속제 등자鐙子는 선비와 고구려에서 3~4세기에 처음 만들었습니다. 그렇게 하여 강력한 고구려 기마무사 군단이 탄생하게 된 것입니다.(강인욱, 『유라시아 역사기행』)

카자흐족의 과거 역사 배경을 보면 스키타이, 강거에 이어서 삭이 있었고, 이후 흉노, 돌궐, 몽골로서 세력을 크게 떨쳤습니다.

| 카자흐스탄의 대표 민족 |

| 스키타이(삭) | 돌궐 | 흉노 | 몽골 |

카자흐스탄의 통사通史에서 2,500년 전 스키타이 시대가 약 5백 년입니다. 그 이후 흉노가 750년, 그리고 돌궐과 몽골이 2백 년씩 다스려서 약 1,650년의 역사가 이어져 왔습니다. 1,600년 이상을 유목민족이 이곳의 조상으로 살아온 것입니다.

2015년 카자흐스탄 정부에서, '우리 국가는 1465년에 카자흐 칸국이 건국한 때부터 시작되었다'고 밝혔습니다. 그리고 1847년까지 약 4백 년간 지속되었고, 그 후 러시아의 지배를 받다가 1991년 12월 16일 독립하였습니다. 지금은 유라시아에서 가장 잘 살고 있으며, 크게 번영하여 역사의 중심에 있습니다.

| 카자흐스탄의 통사通史 |

시대	연대	내용
카자흐스탄 독립	1991년	소련으로부터 독립 선언 후 **독립국가연합** 가입
	1990년	**나자르바예프**가 카자흐스탄공화국 대통령 당선
소비에트 정권 수립과 사회주의 건설 (1917~1989)	1925년	카자흐 소비에트 사회주의 **자치 공화국** 탄생
	1917년	볼셰비키 혁명 및 내전 과정에서 카자흐스탄 내 **소비에트 정권 수립**
러시아와 합병 (18세기~ 19세기)	1860년 대	'대大 올다'가 러시아에 편입되어 카자흐스탄 전역이 **러시아에 합병**
	1731년	러시아 제국에 보호 요청으로 **러시아로의 합병(合倂)** 과정 시작
	18세기 중엽	중가리(Dzungarian)의 침공으로 '**대재난(大災難) 시대**' 맞음
카자흐 민족국가 형성 (13세기~ 18세기)	15세기 초	백白 올다(White Horde)에서 카자흐 칸국이 분리되어 **민족국가 형성**의 기반 마련. 이후 **대중소 3개의 올다(Horde)로 분리**되어 호족들이 통치
	1218년~ 1221년경	몽골(Mongol)의 **칭기즈칸**(Jinghis Khan)은 카자흐스탄 동남부를 시작으로 현재의 카자흐스탄 전역을 석권하고 **차카타이 한국汗國 건국** 카자흐 영토는 대大 올다(Golden Horde), 백白 올다 및 몽굴리스탄(Mogulistan)으로 분리 통치
고대	CE 550년~ 750년	**투르크(Turkic)족**이 몽골(Mongol)과 중국 북부에서 카자흐스탄 서부로 들어옴. 몽골에서 카자흐스탄 남부에 이르는 **돌궐(突厥, Kök Turk) 제국 구성**
	BCE 200년경	**흉노족**(Huns)이 동부 카자흐스탄 장악
	BCE 500년경	스키타이의 일부인 **사카saka족**이 알타이산과 우크라이나에 이르는 방대한 **스텝(초원) 지배** 알마티 인근 고분에서 사카족의 **황금인간**(The Golden Man) 발굴
	BCE 1500년~ BCE 1000년경	카자흐스탄 지역에 **청동기 초기 문화**가 있었던 것으로 확인됨

* 사슴뼈로 된 말 재갈과 승마의 증거가 아파나시에보 무덤에서 함께 나타났다. 아파나시에보는 기원전 3600~2400년 문화이다.(Pita Kelekna, The Horse In Human History, 2009.)

고대 역사 발전 단계를 보면 구석기-신석기-동석기-청동기로 내려온다고 하는데, 이미 5천 년 전에 아파나시에보 문화*에서는 말에 재갈을 물려 기르면서 말을 타고 다녔던 유적이 나오고 있습니다. 카자흐스탄의 역사 문화 전통은 인류 역사의 시원과 그 대세를 함께하고 있습니다.

유라시아, 유목문화를 낳다

유라시아 유목문화의 발원지에 대한 주장은 좀 차이는 있지만, 대세로 보면 '알타이'입니다. 알타이는 '금이 많이 나오는 산'이라 해서 금산金山이라 합니다. 알타이 지역의 아파나시에보에서 5천 년 전의 사슴뼈로 된 말 재갈과 승마 증거가 나왔습니다. 그리고 스키타이족이 들어와서 2,800년 전에서 1,900년 전까지 오랫동안 알타이에서 파지릭 문화가 번성했습니다.

쿠르간Kurgan 무덤
: 예숙esik 국립역사문화유적박물관

몽골 서북 경계를 벗어나면 파지릭 문화가 있는데, 거기에 있던 얼음공주라든지 쿠르간Kurgan 무덤군을 러시아 상트페테르부르크 에르미타주 박물관에 그대로 옮겨놓았습니다.

얼음공주 머리장식의 15마리 금제 봉황조각
노보시비르스크 러시아 과학원 시베리아분원 박물관

파지릭 2호분에서 발굴된 얼음공주의 머리 장식을 보면 열다섯 마리의 불멸의 새, 봉황새가 있습니다. 그것은 그리핀이 아니고 봉황의 원형이 나온 것인데 그걸 보고 제가 큰 감동을 받은 적이 있습니다.

지구촌의 언어학의 족보 체계는 알타이산맥 근처의 언어계열과 우랄산맥을 기본으로 하는 언어계열이 있습니다. 중앙 유라시아에서 볼 때는, 약 6천 년~4천 년 전에 인도의 고대 산스크리트어와 페르시아어(현재 이란어)가 표준말과 사투리처럼 서로 비슷한 뜻과 발음체계를 가졌습니다.

4천 년 이전, 한 5~6천 년 전으로 올라가면 그리스어라든지 라틴어, 산스크리트어 등 여러 계 언어들이 사실은 하나의 조어

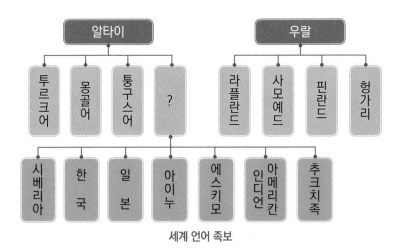

세계 언어 족보

祖語로 만나게 됩니다. 대개 카프카스 산맥 북쪽의 초원과 우랄 산맥 남쪽에서 유라시아 언어의 조상언어가 조성되어서 4천 년 이후부터 여러 개 언어군으로 갈라졌습니다.

오스트리아를 가보면 할슈타트Hallstatt라는 소금광산이 있습니다. 주민들이 천 명 정도 사는데, 그곳에 7천 년 전의 유물을 소장한 박물관이 있습니다. 할슈타트 문화권과 북유럽의 핀 문화권, 서아시아의 스키타이 문화권 등 대부분의 초기 인도·유럽 문화권은 쿠르간 유목민이 등장한 이후에 형성되었습니다. 이 쿠르간 유목민이 사용하던 언어가 인도유럽어의 조상인 '인도·유럽 공통 조어'입니다.

북유럽의 문화권

오스트리아의 할슈타트 문화권

서아시아의 스키타이 문화권

↑

쿠르간 유목민의 등장 이후 형성된 언어문화권

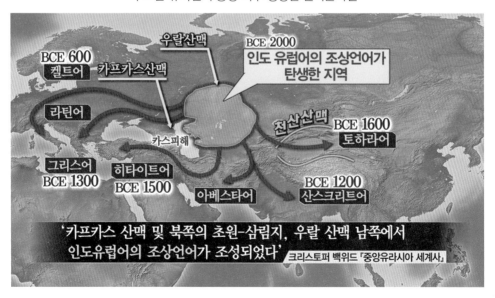

유목문화의 공통적인 특징

유목문화의 근본 특성은 이들이 텡그리(天神) 신앙을 했다는 것입니다. 텡그리는 인간 역사의 궁극의 목적지를 향해서 가도록 천명을 내립니다. 신의 명령을 받은 자가 하느님의 대리자로서 대칸 노릇을 하는데, 나라를 다스릴 때 국가 단위를 셋으로 나누어서 다스렸습니다.

흉노는 중앙에 탱리고도, 신의 아들 선우單于가 있고, 그리고 좌현왕·우현왕이 있었습니다. 선우 대천자는 국가의 중심부를 맡고, 좌·우현왕은 동서 각 지역을 맡았습니다. 또 지방 행정조직은 5부로 나누었습니다. 동서로 나누어진 돌궐은 5부씩 나누어서 다스린 행정조직이 있었습니다.

이 국가 통치 행정조직에 3과 5라는 단위 조직은 어디에서 왔는가? 바로 천산 아래 인류 최초의 나라, 동서 인류문명의 고향 국가라 할 수 있는 환국의 오가五加 문화에서 나왔습니다. 이것은 『환단고기』에 정확하게 기록되어 있습니다.

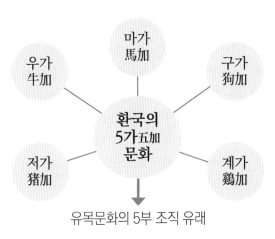

유목문화의 5부 조직 유래

유라시아뿐만 아니라 경치가 아름다운 아일랜드에도 켈트 문화가 있습니다. 켈트문화는 3수 문화가 예술의 극치라 할 만큼 아름다운 디자인 문화로 발달하였습니다.

유럽 켈트문화 속 **3수** 문화

성 **콜룸바 십자가**(영국 콘월)

그러면 유럽의 끝 켈트 문화와 유라시아 문화에서 볼 때 한때 동서를 오가면서 호령한 스키타이는 누구인가? 소련 정부에서 황금 인간을 처음 발표했을 때는 한 2,800년에서 2,900년 전의 것이라 했지만, 터키의 일부 학자들은 5,500년 전까지 올라갈 수 있다는 말을 한 적이 있습니다.

역사의 논쟁은 끝나지 않았습니다. 유목문화에서 가장 먼저 나타나 국가를 세운 건 스키타이입니다. 그러나 서구를 중심으로 한 고고학계에서는 스키타이의 역사 상한선을 2,800년에 딱 묶어놓고 있습니다. 이렇게 주장하는 건 동양의 숨겨져서 잠자고 있는 역사문서를 전혀 연구하지 않고, 만나지 못해서 그런 것입니다.

카자흐스탄에는 '나우르즈'라는 재미있는 문화가 있습니다. 3월 21일 춘분절에, 우리 한국인이 설날에 떡국을 먹는 것처럼 '나우르즈 코제' 음식을 먹는데 일곱 가지 재료를 넣고, 일곱 명의 손

이란의 나우르즈 : 'S'로 시작되는 7가지 종류의 상차림

Sabzeh 밀, 보리등의 새싹(재탄생)	Senjed 말린 과일(사랑)
Samau 단밀죽(sweet pudding, 부富)	Sir 마늘(의약)
Sib 사과(건강미)	Somaq 옻나무 열매(일출)
	Serkeh 식초(인내)

나우르즈Nauryz
7가지 재료로 음식을 만들고(코제Kozhe)
7명을 초대하는 풍습이 있다

나우르즈Nauryz 카자흐스탄의 설날(3월 21일 춘분절)

님을 초대합니다. 이 7수 문화는 어디서 온 것인가? 이 나우르즈 문화는 주변 여러 나라와 동서양에 널리 분포돼 있습니다.

유목민족들은 말을 탄다든지 씨름을 하는 문화도 가지고 있습니다.

중앙 유라시아에서 이렇게 유목문화가 탄생하면서 새로운 문명의 시대가 열립니다. 여기서 새롭게 융해되어 지구 문명을 새롭게 구성하는 중심이 됩니다. 지구 문명의 심장이요, 폐의 역할을 한 것입니다.

한국과 카자흐스탄의 같은 문화

2부

『환단고기』,
유목문화의
시원을 밝히다

2017년은 초대 단군왕검이 조선을 건국한 지 4,350년이 됩니다. 고려 말에 여섯 분의 왕을 섬긴 '만인지상 일인지하' 행촌杏村 이암李嵒(1297~1364)이 쓰신 『단군세기』에는, 흉노, 돌궐, 몽골 등 3대 유목민족의 문화 원류가 어떻게 나왔느냐 하는 것이 정리되어 있습니다.

행촌 이암(1297~1364)

미국의 최고의 경영자 CEO들이, '인류 문명사에서 가장 강력한 충격을 준, 제1의 인물'로 칭기즈칸을 뽑았습니다.

『단군세기』를 우리 한국 사학계에서는 조작한 책이라고 주장합니다. 그런데 러시아의 역사학자 유엠 부틴(1931~2002)이 『고조선』이라는 책을 썼습니다. 이 책에서는 '고조선은 1천 년 간 중국 지배를 받지 않은 독자적 문화를 발전시켰다'라고 합니다. 그리고 한나라 무제武帝가 서방 쪽에 사군을 완성한 후 동북아에 사군을 만들려고 한 한사군漢四郡 역시 한반도 평양 대동강 유역이 아닌 '한반도 밖에 있었다'라고 했습니다.

그러고서 이런 이야기를 합니다. "동북아 고대사에서 단군조선을 제외하면 아시아의 역사는 이해할 수가 없다." 이 말이 왜 중요한가? 우리가 단군조선 역사의 출발점과 실제 역사과정을 제대로 모르고 지금 일본과 중국의, 식민사관과 대국주의 침략사관처럼 그냥 곰과 호랑이가 나오는 신화로 부정해 버리면, 이 동북 유라시아의 유목문화의 원류를 알 수가 없습니다. 유라시아 문화의 탄생과 역사 경영방식의 원류를, 문화 근원 정신을 전

유엠 부틴(1931~2002)

유엠 부틴의 『고조선』
1982년 러시아어판과 1990년 한국어판본

혀 알 수가 없다는 것입니다. 그만큼 단군조선은 아시아 고대사에서 중요한 위치를 차지합니다.

모든 유목문화의 원형적 삶은, 다시 말해서 유목문화의 원형, 국가 경영 방식, 그들의 인간관, 신관, 텡그리신을 섬긴 종교관 모든 것이 단군조선과 불가분의 관계를 맺고 있습니다.

유목문화와 아사달 문화

단군은 한 분만 계신 것이 아니라 2세, 3세 해서 47세까지 마흔일곱 분이 있었고, 전체 역년은 2,096년입니다. 로마 역사도 2천 년이고 이집트 역사도 2천 년이 넘습니다. 2천 년이 넘는 단군조선 역사는 제1 왕조시대, 제2 왕조시대, 제3 왕조시대로 나누어집니다.

우선 3세 가륵嘉勒 단군 때(재위 6년, BCE 2177) 열양烈陽의 욕살인 삭정索靖을 약수弱水 지방에 봉했는데, 그분이 흉노의 시조가 됐다는 기록이 있습니다.

^{욕열양욕살삭정} ^{천우약수} ^{종신극치}
命列陽褥薩索靖하사 **遷于弱水**하시고 **終身棘置**러시니
^{후 사지 잉봉기지}
後에 **赦之**하사 **仍封其地**하시니
^{시위흉노지조}
是爲凶奴之祖라 (『단군세기』)

그리고 또 3세 단군 때(재위 8년, BCE 2175) 강거康居가 반란을 일으키자 지백특, 지금의 티베트에서 평정을 했는데, 이 강거가 돌궐의 시조입니다.

^{강거반} ^{제토지어지백특}
康居叛이어늘 **帝討之於支伯特**하시니라 (『단군세기』)

그리고 4세 오사구烏斯丘 단군 때(재위 원년, BCE 2137)는 더 흥미 있는 기록이 나옵니다. 오사구 단군의 친동생 오사달烏斯達을 몽골의 칸으로 임명했다는 것입니다. 몽골은 카자흐 문화의 근원이자 왕족을 배출한 곳입니다.

^{봉황제오사달} ^{위몽고리한}
封皇弟烏斯達하사 **爲蒙古里汗**하시니
^{혹왈금몽고족}
或曰今蒙古族이라 (『단군세기』)

유목민족의 코미타투스 문화

그런데 그 당시에 어떤 강력한 군장이 강압적으로, 어떤 강한 체제를 가지고 칸이 된 것은 아니었습니다. 칸과 텡그리를 섬기면서 한마음으로 국가를 건설하고 수호하며 칸과 생사를 함께하는 친위결사대가 있었습니다. 이 친위결사대가 중세 서양의 용어로는 바로 코미타투스Comitatus입니다.

코미타투스 조직은 지구촌의 옛 문화에 다 있었습니다. 코미타투스는 텡그리를 받들면서 칸과 생사를 함께 하여 국가를 수호하고 새로운 제국을 건설하는 친위조직입니다. 칭기즈칸은 이러한 코미타투스를 1만 명, 손자 쿠빌라이는 1만 2천 명까지 뒀습니다.

4세기 중엽 흉노가 서방에서 훈족으로 나타나면서 민족이 동으로 서로마 제국이 무너졌습니다(476년). 훈족은 '로가데스 Rogades'*라는 조금 다른 방식의 코미타투스를 가지고 있었습니다. 코미타투스는 자원입대 방식이지만 로가데스는 훈족 왕이 임명합니다.

이렇게 대칸의 제국에는 칸과 생각을 함께하고 삶과 죽음조차 함께하는 코미타투스가 있었던 것입니다. 이 코미타투스와 로가데스가 있었기에 칸이 강력한 대제국을 건설해서 이끌어갈 수 있었습니다.

> * 그리스 문헌에서는 아틸라의 코미타투스를 '로가데스(λογαδες, 선발된 자들)'라고 불렀다. 때로는 '에피테데이오이(επιτηδειοι, 가까운 동료들)'이라고 부르기도 했다. 로가데스의 임무는 아틸라 개인을 호위하는 것이었다.

코미타투스	로가데스
칸이 대제국을 건설하고 나라를 이끌어갈 수 있게 해 준 친위 결사 조직	

역사의 근본이 무엇인가? 생사의 도, 삶과 죽음의 길입니다. 그래서 삶과 죽음을 함께할 수 있는 진정한 인생의 동반자가 필요합니다. 어떻게 살고 무엇을 위해 죽을 것이냐 하는 생사의 도, 불변의 영원한 가치관의 근본을 새기기 위해서 오늘도 힘차게 살고 있는 것입니다.

한국 역사 속에 나타난 코미타투스 문화

『환단고기』「태백일사」를 보면 아주 놀라운 내용이 있습니다. 거기에 보면 '오상五常의 도'라 해서 충효신용인忠孝信勇仁 이렇게 다섯 가지 덕목이 있습니다.

환국 오상五常의 도				
충忠	효孝	신信	용勇	인仁

환국에서부터 코미타투스가 어떻게 발현되었는가? 『환단고기』에서는 이곳 천산을 '금이 나오는 알타이 산', 금악산金岳山이라고 합니다. 그리고 동방 태백산(백두산)과 중국 돈황에 있는 삼위산三危山이 있는데 이것을 환국시대 때 삼신산三神山이라 하였습니다.

알타이산
금산金山, 금악산金岳山, Gold Mountain

거발환 환웅

"누가 동방을 개척할 것인가?" 했더니, 환국 서자부의 환웅桓雄이 동방 태백산 쪽으로 결사대 코미타투스 3천 명과 함께 떠났습니다.

세상을 건지고 새로운 문명으로 인도하는 환웅의 결사대 조직 3천 명이 바로 제세핵랑군濟世核郎軍이자, 코미타투스의 원형입니다.

유목문화에서 다양한 형태로 나타난 코미타투스와 같은 친위결사대 조직은 한민족 역사를 통해서도 나타나고 있습니다. 단군조선은 그 전통을 받아서 국자랑國子郎이라 했습니다. 북부여는 천왕랑天王郎, 고구려에서는 조의선인皂衣仙人이라 했으며, 일본에는 고구려 조의선인의 후예가 지금도 살고 있습니다. 그리고 백제에는 무절武節이 있었고, 신라의 화랑花郎은 삼국을 통일할 수 있는 저력을 가지고 있었습니다. 고려에는 재가화상在家和尙, 조선시대에는 때 진유眞儒가 있었고, 조선왕조 말 동학혁명 때 60만 동학군이 나왔습니다. 그리고 한 세대 후에 증산도 문화에서 6백만 태을랑太乙郎이 나왔습니다.

지금 한국사상사가 제대로 정리가 안 되고, 서구 이론을 가지고 우리 역사문화를 연구하다 보니까 그 근본이 많이 왜곡되고, 삐뚤어지고, 그 중심 주제가 전혀 실제로 접근이 안 되는 안타까운 경계에 아직도 머물고 있습니다.

단군조선에서 뻗어나간 유목문화

유목문화의 전체 계보도를 보면 천산 환국에서 동방의 환웅이 태백산으로 3천 명의 특수부대를 데리고 가서 배달倍達 신시神市

를 열었고(BCE 3897), 훗날 단군왕검이 배달을 계승했습니다. 지금부터 4,200년~4,100년 전에 흉노, 돌궐, 몽골의 문화의 시발점이 이루어진 것입니다.

흉노는 동흉노와 서흉노로 나누어지고, 그다음에 동흉노가 북흉노와 남흉노로 갈라졌습니다. 북흉노는 카자흐스탄 초원으로 들어간 후 4세기 중반 훈Hun이라는 이름으로 흑해 연안까지 진출하였고(370년), 서구 로마 제국을 무너뜨리는(476년) 손길로 작용을 합니다.

중국 역대 왕조에서는, 만리장성을 쌓은 진시황과 한나라도 '흉악한 노예'라는 뜻으로 '흉노'라 하고, 노란 눈을 가진 악마 같은 놈들로 묘사한 구절도 있습니다. 중국 발음으로 '슝노'인 이 흉노에서 '흉'은 '훈'의 음사音寫이고, '훈'은 퉁구스어에서 '사람'이라는 뜻입니다. '노'는 노예라는 뜻이 아니라 우리말의 '낭郞'에 해당합니다. '화랑花郞'의 '랑'과 상통하는 것입니다.

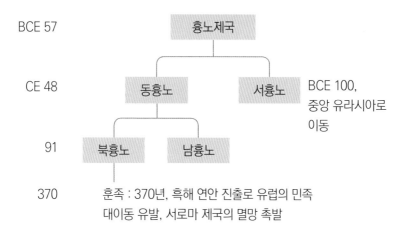

단군조선과 북방민족의 계보

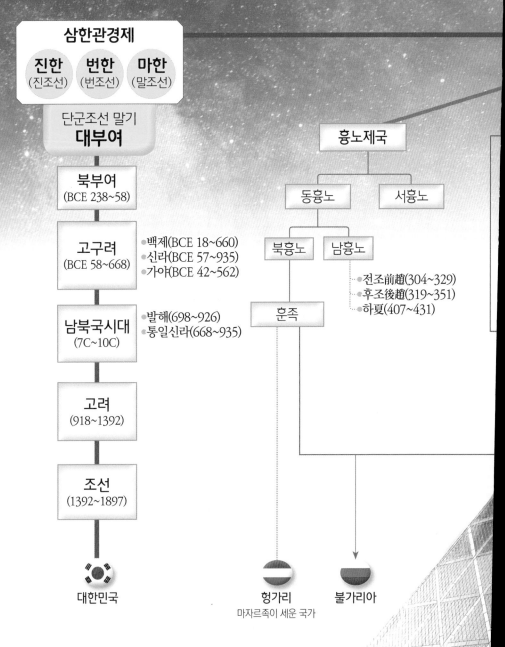

삼한관경제

진한	번한	마한
(진조선)	(번조선)	(말조선)

단군조선 말기
대부여

북부여
(BCE 238~58)

고구려
(BCE 58~668)
● 백제(BCE 18~660)
● 신라(BCE 57~935)
● 가야(BCE 42~562)

남북국시대
(7C~10C)
● 발해(698~926)
● 통일신라(668~935)

고려
(918~1392)

조선
(1392~1897)

대한민국

흉노제국

동흉노 　　 서흉노

북흉노 　 남흉노

● 전조前趙(304~329)
● 후조後趙(319~351)
● 하夏(407~431)

훈족

헝가리
마자르족이 세운 국가

불가리아

천산 동방의 **12환국**

커발환 환웅의 **배달**

단군조선檀君朝鮮

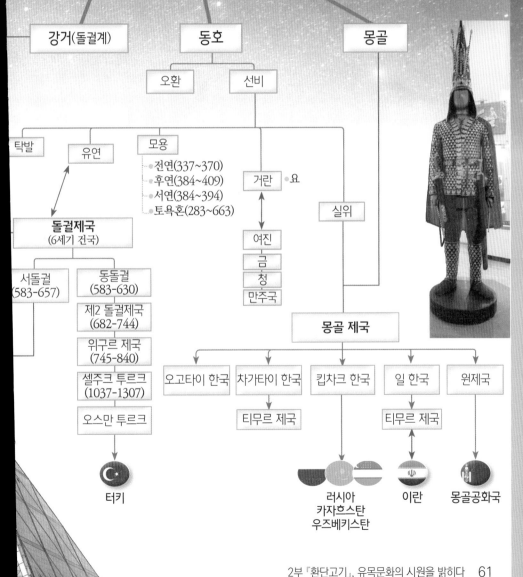

강거(돌궐계)

동호

몽골

오환

선비

탁발

유연

모용
- 전연(337~370)
- 후연(384~409)
- 서연(384~394)
- 토욕혼(283~663)

거란 • 요

실위

돌궐제국
(6세기 건국)

서돌궐
(583-657)

동돌궐
(583-630)

제2 돌궐제국
(682-744)

위구르 제국
(745-840)

셀주크 투르크
(1037-1307)

오스만 투르크

여진
금
청
만주국

몽골 제국

오고타이 한국

차가타이 한국

킵차크 한국

일 한국

원제국

티무르 제국

티무르 제국

터키

러시아
카자흐스탄
우즈베키스탄

이란

몽골공화국

흉노Hun 그들은 누구인가

동쪽의 만주벌판에서 서쪽의 발트해까지 펼쳐진 장엄한 땅
유라시아, 그 중심에 인류 창세의 역사서 환단고기가 전하는
첫 나라 환국이 있었다.
환국을 구성한 열두 나라들 가운데 선비 등이 있었다.

그 후 수천 년의 세월이 흘러
동북방에서는 흉노 월지 동호와 돌궐 몽골이 일어나고
서쪽 땅에선 켈트족과 고트 및 반달 등의
수많은 게르만 부족들이 명멸했다.
우랄 산맥의 오른쪽으로는 스키타이,
흑해 북부에는 키메르가 일어나 역사를 이끌었고
그 아래 서남쪽 아프리카와 중동에서 셈족 베두인족이
사막과 오아시스를 터전 삼아 강인한 삶을 꾸렸다.

오늘 우리는 그 역사의 주인공들을 유목민족이라 부른다.
이들 유목민족은 혹독한 대자연의 시련과
쳐들어오는 외적에 맞서 필요할 때면
부족과 부족이 한데 모여 대연합체를 이루었다.

그중에서도 유라시아 동북방에서 불처럼 일어난 흉노, 돌궐,
몽골은 유목 제국을 이루어 동서 문명을 연결하고 서구
문명을 뒤흔들어 마침내 세계사의 흐름까지도 바꿔 놓았다.
이들은 하늘 땅을 받들고 신성시하며 대자연과 하나 되어서
절기마다 하늘에 제사를 올리는 천제天祭 문화를 간직했고
그들의 왕은 하늘의 아들 곧 천자天子로 불렸다.

이들 천자들은 제국의 넓은 강역을 셋으로 나누어 다스리는
동방의 삼신 문화 전통을 유지했다.
9천 년 전 발원해 인류 정신사의 원 뿌리이자 원형 문화가 된
환국, 그 종통을 계승하여 신시에 창업한 배달, 그 뒤를 이은
단군조선의 신교문화가 현실에 드러난 것이었다.

흉노와 돌궐과 몽골, 이들이 아시아에서 유럽으로 대륙과
대륙을 넘나들며 반드시 거쳐야 했던 땅이 바로 중앙아시아다.
특히 그중에서도 오늘의 카자흐스탄 지역은
당시 동서 세계를 연결하는 문명의 교차로요 유라시아 문화
교류의 심장부였다.

카자흐스탄을 거쳐 대륙의 동서쪽을 바람처럼 내달리던
이들 3대 유목 제국의 역사와 문화,
찬란한 시원 정신의 진면목을 함께 탐험해보자.

세계사를 뒤흔든 유목 제국 흉노
그 폄훼된 역사의 복원을 기대한다

서력전 4세기 아시아 대륙 북방에 등장한 이래 세력을 떨친
흉노는 중국의 고민거리였다.
진시왕이 만리장성을 쌓은 이유도 흉노를 막기 위한 것이란다.
이후 진제국은 급격히 쇠약해져
2세 호해胡亥를 거쳐 3세 자영子嬰 때 멸망했다.

한을 건국한 유방도 흉노를 쳤다. 그러나 공략에 실패했다.
한의 제7대 무제 때도 흉노와 전쟁을 벌였으나

결국 복속시키지 못했다.

서양사에서도 흉노는 훈이란 이름으로
서력 370년경 흑해 북부에 등장했다.
이들이 볼가강 건너 동고트족 서고트족을 공격하자
게르만족의 대이동이 일어났다.
이들이 로마로 몰려들고 이를 제어하지 못한
서로마 제국이 476년 무너졌다.

이후에도 훈족은 유럽 곳곳에 쳐들어가
유럽 일대 약 50개 족속을 지배했다.
중국을 압박하고 유럽을 공포에 몰아넣은 흉노는
동서양 문명사에서 파괴와 약탈을 일삼던
가공할 야만족으로 묘사되어 왔다.
그것은 과연 정당한 것일까?

흉노는 2500년 전부터 1세기 말까지
중앙아시아 초원과 중국의 만리장성 북방 일대를 중심으로
활약한 유목 기마민족이다.
그 선조는 3천 년 전 주나라 때 중국 북변을 위협한
험윤玁狁 또는 훈육獯鬻 족속으로 추정된다.
흉노는 한나라 초기 묵특冒頓 선우單于 때인 서기전 209년
아시아 대륙 북방의 유목 대제국을 세웠다.

그러나 서력전 1세기 중반 내분으로 둘로 분열됐다.
호한야呼韓邪 선우單于가 이끄는 동흉노는
한 나라와 동맹을 맺고 중국 북쪽에 머물렀다.

한나라와 타협을 거부한 질지郅支 선우單于가 이끄는 서흉노는
중앙아시아로 이주하였다.

한 세기 뒤 동흉노는 다시 남·북 흉노로 분열되었다.
남흉노는 고비사막에서 남쪽으로 내려와 한나라의
번병(수비병)이 되었고 북흉노는 몽골초원을 지배하였다.
북흉노는 한나라와 남흉노 연합세력의 공격과 자연환경
악화로 1세기 말 몽골초원을 포기하고 서쪽 중앙아시아로
이주하였다.

그리고 다시 몽골초원의 새로운 패자인 선비족에 밀려
2세기 중반 더 서쪽으로 옮겨 오늘날 카자흐스탄 초원으로
들어갔다.
이들 북흉노가 나중에 훈이란 이름으로 결국 서로마 제국으로
나아가 서로마사를 문 닫게 한 것이다(4세기 중반).

흉노는 자신들의 지도자를 탱리고도撑犁孤塗 선우라 불렀다.
'하늘'을 뜻하는 흉노어 '텡그리'와 '아들'이란 뜻의 '고도'를
합쳐 하늘의 아들이라 부른 것이다.
선우들이 한나라 황제에게 보내는 문서에는
늘 자신을 하늘이 세운 흉노 대선우(天所立匈奴大單于)
혹은 천지가 낳고 일월이 세운 흉노
대선우(天地所生日月所置匈奴大單于)라고 적고 있다.

선우천강單于天降
말 그대로 선우는 하늘의 텡그리신이 내려보낸 아들
곧 유라시아 초원의 대칸이요 천자였던 것이다.

흉노의 이러한 문화적 자신감은
하늘과 땅에 제사 지내고 날마다 해와 달을 경배했으며
조상을 숭배하고 천지신명들을 신앙했던
신교 문화에 그 뿌리를 두고 있었다.

선우는 부족을 이끌어 해마다 세 차례 천제를 거행했다.
정월엔 부족장들이 모여 제사 지내고 한 해 살림을 짰다.
5월엔 용성에 모여 용성대제를,
말이 살찌는 10월엔 가을철 추수를 감사하는 천제를 올렸다.

흉노인들은 사람 모양의 금상을 모시고 천제를 올렸다.
이 같은 제천금인祭天金人 문화는
동방의 우주광명 제천문화의 전통을 웅변한다.
학자들은 흉노, 훈이란 이름 자체가
동방 상고시대 환국, 환인, 환웅 등의 환桓처럼
광명 문화를 나타내는 의미를 갖는다고도 말한다.

묵특선우는 나라를 셋으로 나누어 다스렸다.
중앙은 선우, 동쪽은 좌현왕, 서쪽은 우현왕이 통치했다.
이는 연중 세 차례 올린 천제 문화와 함께
동방 삼신 문화의 전통을 드러낸다.

우리 한민족사에는 흉노의 기원을 밝혀주는
매우 소중한 기록이 있다.
『환단고기』 중 『단군세기』에는 '제3세 가륵단군 6년 때
임금께서 열양지방의 욕살 삭정을
약수 지방에 유배시켜 감옥에 가두었다.

후에 용서하여 그 땅에 봉하시니
흉노의 시조가 되었다'라고 쓰여 있다.

또 신라 문무왕비 비문엔
김일제가 신라 김씨의 조상이라 쓰여 있다.
김일제金日磾는 흉노 휴도왕의 아들이다.
한무제가 흉노를 공략할 때 왕자가
그 모친과 함께 한의 포로가 되었다.
그러나 훗날 왕자가 무제에 대한 모종의 반역 음모를
미리 알리는 공을 세우자
무제는 그에게 너희는 제천금인祭天金人이니
김씨로 하라며 김일제란 이름을 주었다.
그러면서 황하가 크게 굽이치는 오르도스 지역의 제후라 해서
투후秺侯로 봉하였다.

나중에 김일제의 현손인 왕망王莽이 난을 일으켜
전한을 무너뜨리고 신新을 세웠다.
그러나 왕망이 몰락하면서 김일제 가문이
1세기 초 한반도로 망명하여 신라 가야의 왕권을 잡았다.

동방의 광명 천자 천제문화, 삼신 문화 등 신교의 전통이
흉노의 동서로의 이동과 전쟁과 교역을 통해
이미 수천 년 전부터 아시아 대륙은 물론
유럽 대륙까지 전파 확산되었다.

그 진면목에 대한 천착 없이, 나아가 동방 상고사에 대한
통찰 없이 누가 과연 흉노에 대해 함부로 말할 수 있겠는가.

6세기에는 돌궐 제국이 생겼는데, 6세기 말에 서돌궐과 동돌궐로 나뉩니다. 동돌궐에서는 위구르 제국이, 서돌궐에서는 오구스투르크, 셀주크투르크, 오스만투르크가 나왔습니다. 오스만 제국이 1453년에 동로마 제국을 멸망시킵니다. 튀르키예를 가 보면 서양과 동양이 붙어 있습니다. 오스만투르크의 제7대 술탄 메흐메트 2세(1432~1481)가 동로마 제국의 수도였던 콘스탄티노플을 함락시켰습니다. 그래서 로마 제국이 완전히 멸망당하게 됩니다.

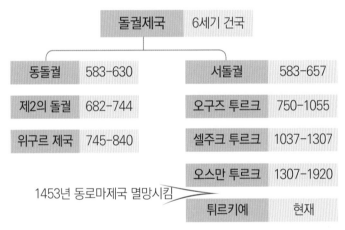

돌궐제국	6세기 건국		
동돌궐	583-630	서돌궐	583-657
제2의 돌궐	682-744	오구즈 투르크	750-1055
위구르 제국	745-840	셀주크 투르크	1037-1307
		오스만 투르크	1307-1920
1453년 동로마제국 멸망시킴		튀르키예	현재

투르크 민족 국가와 자치구　Тюркские национальные государства и автономные регионы

러시아內

① 튀르키예 Турции (7400만)
② 카자흐스탄 Казахстан (1640만)
③ 우즈베키스탄 Узбекистан (2770만)
④ 아제르바이잔 Азербайджан (817만)
⑤ 키르기스스탄 Кыргызская (540만)
⑥ 투르크메니스탄 Туркменистан (510만)
⑦ 가가우지아 Гагаузия (16만) 몰도바 자치구
⑧ 크리미아 Крым (200만) 우크라이나 자치구
⑨ 위구르 Уйгурский (2000만) 중국 자치구
⑩ 북사이프러스투르크공화국 Северный Кипр (27만) 사실상 독립국

① 알타이공화국 Алтайский (20만)
② 바시키르공화국 Башкортостан (410만)
③ 추바시공화국 Чувашская (130만)
④ 하카스공화국 Хакасия (55만)
⑤ 사하공화국 Саха (100만)
⑥ 타타르스탄공화국 Татарстан (380만)
⑦ 투바공화국 Тыва (30만)

| 투르크계 국가연표 |

1 돌궐제국	• **552** 돌궐제국(곡투르크) 건국(부민 칸) • **582** 동서돌궐 분열 • **630** 동돌궐, 당나라에 의해 멸망 • **659** 서돌궐 멸망 • **681-745** 제2돌궐제국. 아시나 가문의 쿠툴룩이 건국.
2 불가리아 왕국	• **632** 훈족의 후예 쿠브라트 오노구르 불가르족 이끌고 아바르 지배에 대항. 대불가리아 건국. • **660년경** 쿠브라트의 장자 바트바이안에 의해 볼가-카마 강 유역에 건국(볼가 불가리아 왕국. 1240년대 몽골에 의해 멸망) • **680년경** 쿠브라트의 3남 아스파루크에 의해 다뉴브 강 하구에 불가리아 건국(불가리아 제1제국: 1018년 비잔틴 제국에 의해 멸망)
3 카자르제국	• **650년경** 서돌궐 제국의 일부 투르크 유목민들이 아시나 가문의 주도 하에 볼가 강 하류 지역에서 건국. 비잔틴 제국과 동맹. 유럽을 향한 아랍 제국의 압력 막는 방파제 역할. 무역교차로에 위치하여 부 축적. • **969** 키에프 루스의 공격으로 멸망
4 위구르제국	• **744** 위구르 제국 건설. 쿠틀룩 빌게 퀼 카간. • **840** 키르키즈의 공격으로 멸망. • **850년경** 고창위구르 왕국 • **1250년경** 고창위구르 멸망
5 카라한왕조	• **840-1212** 위구르족과 카를루크족이 세운 투르크계 왕국으로 동서 투르키스탄 지배. 11세기 초 내분으로 동서로 분할. 서부는 발라사군, 동부는 카슈가르 수도.
6 가즈나왕조	• **962-1186** 사만조의 투르크 노예 알프 티긴에 의해 건국. 호라산, 트란스옥시아나, 북인도, 아프가니스탄 지배.
7 셀주크제국	• **10세기 말** 오구즈 투르크의 셀주크 집단 이슬람 개종 • **1038** 토그릴 벡 호라산 정복 • **1055** 토그릴 벡 칼리프(창업자)로부터 술탄 칭호 얻어냄. • **1071** 만치케르트 전투에서 비잔틴 군에 대승 • **1077-1307** 룸 셀주크 제국 : 아나톨리아 반도를 통치한 셀주크계 왕국
8 오스만투르크 제국	• **1299** 오스만 1세가 아버지의 베일릭(제후국)을 받아 통치 • **1453** 메메드 2세에 의해 콘스탄티노플 점령 : 동로마 멸망 • **1526년** 헝가리의 모하치 전투에서 승리(헝가리 중부와 동부 지배) • **1529, 1532** 비엔나 공격 • **1922** 청년투르크당의 혁명으로 멸망

세계사를 재구성한 3대 유목민족
하늘에 속한 신성한 투르크, 돌궐

돌궐에서 투르크 그리고 터키 한때 유라시아 대륙을 지배하던
유목 제국의 황금시대를 거쳐
지금의 튀르키예란 이름의 뿌리인 초원의 민족 돌궐.

오늘날엔 시베리아에서 중앙아시아, 터키에 이르는
광대한 지역에 약 1억 6천만 인구가 여러 국가를 이루고 있다.
터키를 비롯하여 카자흐스탄, 우즈베키스탄, 아제르바이잔,
키르기스스탄, 투르크메니스탄 같은 독립국들과
몰도바, 우크라이나, 중국 서부에 위구르 자치구 등이 있다.

유라시아를 동서로 가로지르는 방대한 영역과
크고 작은 다양한 국가들.
그들은 하나같이 늑대 토템의 후예들.
『주서周書』「돌궐전突厥傳」에 의하면 돌궐은
흉노에서 갈라져 나왔으며 흉노와 달리 부락을 이루어 살았다.
후에 이웃 나라에게 멸망당하고
10세 된 한 아이만 발이 잘린 채 버려졌다.
그때 암늑대 한 마리가 고기를 물어다가 아이를 먹여 살렸다.
그 아이가 자라 암늑대와 교합해 임신을 했다.
이웃 나라에서 사람을 보내 아이를 죽이자
늑대는 고창국 서북쪽 산으로 도망하여 동굴 속에 숨어 살면서
열 명의 사내아이를 낳았다.
그 중 하나가 아사나였고 자손이 번성하였다.

세월이 흘러 아사나 샤드가 부족을 이끌고 알타이산 남쪽에
살면서 대대로 유연에 예속되어 대장장이로 살았다.
그들이 살던 알타이산의 모습이 투구와 비슷하기 때문에
부족 이름을 돌궐이라 했다.

『북사北史』「돌궐전突厥傳」에는 이 이야기와 함께
'돌궐의 선조는 삭국索國에서 나왔으며
흉노의 북쪽에 살았다'라며 또 다른 근원을 전한다.
흉노와 돌궐족은 생존을 위해 수시로 중국을 침탈했다.
비록 생존을 위한 것이라 해도 중국 입장에서는
국경 넘어 들어오는 그들을 원수처럼 여겼다.

그러면서 중화 왕조 통치자와 사학자들은
초원의 사냥꾼인 늑대를 숭배하는 그들 유목민족의
토템신앙까지도 중화사관으로 야만이라고 매도해왔다.
이『주서周書』「돌궐전突厥傳」은 그 단면을 보여준다.
이 푸른 늑대의 시조 신화의 주인공 아사나의 후예가
바로 돌궐이라 불리는 투르크족이다.

그들은 늑대를 조상으로 한 까닭에
금으로 된 늑대 머리 둑기纛旗(의장기)를 문 앞에 세워
그 근본을 잊지 않았다고 하였다.
돌궐의 정식 명칭 괵투르크는
하늘에 속한 신성한 투르크란 뜻이다.

유연에게 지배를 받던 돌궐족은
521년 부민土門 카간 때 고차高車를 차지한 다음

몽골 초원의 지배자 유연을 격파하고 돌궐 제국을 세웠다.
부민 카간이 죽자 아들 무한이
숙부 이스테미室點密와 함께 정복에 나서
동으로는 대흥안령에서 서로는 카스피에 이르는
유라시아 초원지대를 모두 지배하는 최초의 제국이 되었다.
이스테미의 아들 달두達頭 가한이 583년
서돌궐 한국을 선포하면서 돌궐은 동서 제국으로 나뉘어졌다.

중국에 당나라가 들어서자 당태종이 돌궐제국의 내분과
자연재해를 기회로 삼아 동돌궐을 무너뜨렸고
두 개로 분열한 서돌궐도 둘로 분열하며 당나라에 멸망당했다.
그러나 불과 반세기 만에 돌궐족은 쿠틀룩(일테리쉬 카간)과
톤육쿡을 중심으로 제국을 재건하였다.

이때 제2 돌골 제국은 카파간 카간 때
동서 돌궐의 영토를 거의 회복하였다.
그 후 위구르의 쿠틀룩 빌게 퀼 카간에게 멸망당했다.
위구르는 중국과 우호관계를 유지하고
소그드족으로부터 마니교와 문자를 받아들였다.

위구르는 840년 키르키스족에게 망하고
920년 거란에게 쫓겨날 때까지 몽골 초원을 지배하였다.
초원을 빼앗긴 위구르인들은 남쪽으로 내려가서
오늘날의 중국 신장 위구르 지역에 정착하였다.
돌궐 건국 당시 알타이 산맥 주변에 거주하고 있었던
오구즈족은 스스로 투르크 또는 투르크맨이라 불렀다.

오구즈족은 킵차크와 카자르 카를룩에게 끊임없이
공격을 받다가 11세기 이후 점차 비잔틴 제국으로 진출하였다.
셀주크도 그 가운데 하나였다.
셀주크는 이슬람으로 개종하고
1040년 토그릴의 영도 아래 셀주크 제국을 세웠다.

셀주크 제국은 분열된 이슬람 세계를 통일하고
그 지배자가 되었다.
1071년엔 비잔틴과 싸워 비잔틴 황제를 사로잡았다.
셀주크의 침략을 받은 비잔틴이 기독교 국가에
도움을 요청하여 200여 년에 걸친 십자군 전쟁이 발발하였다.

오스만 제국은 셀주크 제국을 이어받았다.
오스만 투르크란 이름은 오구즈 투르크 계통의 카이족 출신인
오스만에게서 왔다.
오스만은 1299년 소아시아 셀주크에서 독립하여 공국을 세웠다.
오스만 공국은 1302년 바페우스 전투에서
비잔틴 제국을 이긴 이후 30년 만에 비잔틴 제국의
소아시아 영토를 대부분 장악했다.

한때 티무르의 침입을 받고 십여 년간 분열과 혼란을 겪다가
메흐메트 2세가 1453년 콘스탄티노플을 함락시키고
비잔틴 제국을 차지하였다.
이후 16세기에 헝가리를 포함한 발칸반도 전역,
페르시아, 북아프리카를 정복하였다.

그러나 제1차 세계대전에서 패배하여

현재의 튀르키예 영토를 제외한 제국의 영토를

대부분 상실하고 1924년 케말 파샤에 의해

터키 공화국으로 다시 태어났다.

한편 서돌궐이 망하자 그 유민 일부가

카스피해 부근에 카자르를 세웠다.

카자르는 슬라브 부족들을 지배하며 공납을 받았으나

965년 '루스'라 불리는 바이킹에게 정복되고 말았다.

그리고 루스 즉 러시아는 1240년 이후 칭기즈칸의 장남

주치 가문의 지배를 받는데 몽골의 지배를

'타타르의 멍에'라 부른다.

우즈벡 집단은 우랄산맥 남쪽 초원지역에서 살다가

15세기 초에 세력을 크게 확대하여

주치 가문의 영토를 모두 빼앗았다.

그런데 오이라트와 싸워 패하자

일부가 우즈벡 집단에서 이탈하였다.

이들은 카자흐라 불렸는데 점차 하나의 민족으로 발전하여

킵차크 초원의 강자로 떠올랐다.

그러나 17세기에 내분이 일어나고

18세기에는 동쪽에 있던 오이라트의 침략에 시달렸다.

이에 카자흐는 러시아 제국에게 도움을 요청하면서

결국 러시아에 합병되었다.

소련 치하에서 카자흐스탄 공화국이라는 자치공화국이 되었다가

소련이 해체된 이후 1991년에 완전히 독립하였다.

그리고 몽골 쪽은 보통 중국 문헌에서 '호胡'라고 씁니다. 오랑캐 호胡 자는 특정한 종족을 말하는 게 아닙니다. 중국 한족은 천하의 중심이고 동이, 서융, 남만, 북적이라 하여 주변을 전부 오랑캐라 칭했습니다. 이 호 가운데 동호東胡가 있습니다. 예전에 연나라 장군 진개가 단군조선 말경에 동북쪽 조선을 침략해서 땅을 빼앗았다는 기록이 『삼국지』에 있는데, 사마천 『사기』에서는 그것을 조선으로 표현했습니다. 그러니까 동호는 조선입니다.

『삼국지』「위서동이전」 배송지裴松之 주注 : "연은 장수 진개를 보내어 그 서쪽 지역을 공격하게 하고 땅 2천여 리를 빼앗았다. '만번한'에 이르러 경계로 삼으니 조선은 마침내 약화되었다[燕乃遣將秦開攻其西方, 取地二千餘里, 至滿番汗爲界, 朝鮮遂弱]."

『사기』「흉노열전」 : "연나라에 현명한 장수 진개가 있어 동호에 인질로 갔는데, 동호가 그를 대단히 신임하였다. 진개가 연나라로 돌아가서 군사를 이끌고 습격하여 동호를 쳐부수고 내쫓자, 동호는 1천여 리를 퇴각하였다[燕有賢將秦開, 爲質於胡, 胡甚信之. 歸而襲破走東胡, 東胡郤千餘里]"

『염철론鹽鐵論』 벌공伐功 편: "연나라가 동호를 습격하여 천리를 물러나게 하였고, 요동을 지나 동쪽으로 조선을 공격하였다[燕襲走東胡, 辟地千里, 度遼東而攻朝鮮]"

같은 사건에 대해 조선, 동호 등으로 다르게 기록하고 있는 사서들. 이를 통해 동호가 고조선이었음을 알 수 있다.

동호(단군조선)에서 오환烏桓과 선비鮮卑가 나옵니다. 이 선비에서 거란, 여진족, 금나라, 청나라가 나옵니다. 명성이 있는 민족사학자들은, 청나라 여진족이 우리 한민족의 후예*라고 합니다. 청나라의 원 뿌리인 금나라는 신라의

* 여진의 추장은 신라 사람이다[女眞酋長乃新羅人](홍호, 『송막기문』)

** 금나라 시조의 이름은 함보인데, 처음에 고려에서 왔다[金之始祖諱函普, 初從高麗來](『금사』「본기」)

*** 함보-오로-발해-유가-석로-오고내-핵리발-파랄숙-영가-오아속-아골타(금나라 초대왕/태조) (『금사』「세기」)

마지막 왕의 왕손인 김함보**가 가서 건국했습니다. 그 사람들의 족보***에 그렇게 나와 있습니다.

> 오환은 본래 동호이다. 한나라 초기에 흉노의 묵특이 동호를 멸망시키자 남은 무리들이 오환산에서 보전하였으므로 산 이름으로 명칭으로 삼았다.[烏桓者, 本東胡也. 漢初, 匈奴冒頓滅其國, 餘類保烏桓山, 因以爲號焉]
>
> …… 선비 역시 동호의 갈래이다. 따로 선비산에 의지하여 살았기 때문에 이름을 얻게 되었다. 그 말과 습속은 오환과 같다[鮮卑者, 亦東胡之支也, 別依鮮卑山, 故因號焉. 其言語習俗與烏桓同]."(『후한서』「오환선비열전」)

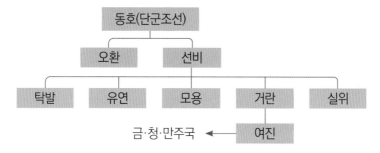

| 오환과 선비의 뿌리, 동호(단군조선) |

그리고 선비족 계열의 몽올蒙兀 실위족에서 칭기즈칸(1162~1227)이 나왔습니다. 27세(1189년) 때 쿠릴타이에서 부족장인 칸으로 추대받았습니다. 43세(1204년) 때 여러 부족 가운데서 나이만족 등 몇 부족의 저항세력을 평정하면서 45세(1206년)에 몽골제국 칭기즈칸으로 추대되어, 8년 동안 세계 정벌의 대망을 펼치기 시작합니다.

세계를 제패한 칭기즈칸의 나라, 몽골

중앙아시아는 유목민이 동서로 오가는 심장부.
그 중심에 카자흐스탄이 있다.
이 카자흐스탄 땅을 거쳐간 지구의 3대 유목문화 제국 가운데
하나인 몽골, 그들은 누구인가?

몽골은 '용감하다'는 뜻의 부족말에서 유래했다.
몽골에서 칭기즈칸이 출연한 뒤
그곳 유목민들은 스스로 몽골이라 불렀다.
몽골의 기원은 사마천의 사기에 동호로 나온다.
단재 신채호는 흉노도 함부로 하지 못할 만큼 강성했던 동호를
단군조선으로 보았다.

『단군세기』에 따르면 단군조선 제4세 오사구 단군이
서기전 2137년 아우 오사달을 몽고리한에 봉했다고 한다.
단군조선은 유라시아 문화에서 칸의 종주이다.

칸국, 한자말로 한국汗國은 왕의 나라를 뜻한다.
진정한 대칸이신 단군은 동방 칸들을 임명했다.
그 실례가 동이9족 칸인이었다.
하나라를 무너뜨릴 때 탕의 권위를 받아들여
동방 동이9족 칸들에게 총공격 명령을 내렸다.
나중에 칭기즈칸이 나와 대칸이 되지만 대칸의 종주
진명천자眞命天子는 서기전 2333년 전 신인 단군왕검이다.
몽골족이 섬기는 천신 텡그리도 단군을 뜻하는
몽골어에서 나왔다고 볼 수 있다.

몽골의 창세 역사는 어디에서 시작되었는가?
또 어떻게 하여 중앙아시아 카자흐스탄을 건너
러시아 그리고 중동에 이란과 이라크를 아우르는
방대한 제국을 세우고 인도에 이르러
거대한 무굴제국까지 세울 수 있었는가?

유럽으로 뻗어나간 몽골 유목민의 손길이
중앙아시아 카자흐스탄에도 살아있다.
카자흐스탄은 삼주스로 이루어졌다.
삼주스 문화는 어디에서 왔는가?
몽골의 삼울루스에서 왔다.
울루스는 몽골어와 터키어로 국가란 뜻이며
백성·사람이란 의미도 포함하고 있다.

삼울루스는 단군조선의 삼한관경에서 왔다.
그것은 동방 유목민족의 창세 문화, 원형 문화로서
환국·배달·조선으로 계승된 동방신교의 삼신 우주 신학이다.
삼신의 원리에 따라 나라를 삼한으로 다스렸다.
하늘엔 삼신, 땅엔 삼한, 사람 몸엔 삼진이 있다.

헝가리의 구스, 우즈베키스탄의 우즈, 러시아의 루스,
카자흐스탄의 주스, 몽골의 울루스는
바로 창세 역사 시절의 삼한에서 왔다.
몽골족은 텡그리신의 계시를 받아
대자연과 하나되는 삶을 살았다.
이 텡그리신도 본래 삼신이다.

몽골 유목민족은 술을 마실 때
먼저 조상신과 자연신에게 반드시 세 번 떠서 뿌렸다.
또 어워 주위를 세 바퀴 돌며 소원을 빌었다.
몽골에도 삼신문화가 살아 숨쉬고 있는 것이다.

유목민족은 서기전 2500년 경부터
중앙아시아와 몽골 초원을 누비며 동서 문화를 소통시켰다.

서기전 3세기 후반 흉노는 몽골초원을 지배하며
동방신교의 유목문화 삼신문화의 전형을 가지고 들어왔다.
그러나 1세기 말 흉노제국은 내분과
반복되는 외세의 침략으로 멸망했다.
곧이어 선비족이 1세기부터 3세기까지 중앙아시아를 지배했다.

중앙아시아의 고대 몽골계 유목민족들로 규합된 선비족은
흉노와 마찬가지로 하늘을 아버지로 땅을 어머니로 섬기는
천지부모 신앙문화를 갖고 있었다.
유연은 4세기 중엽 지금의 몽골 지역에 나라를 세웠다.
그 문화는 흉노 선비와 비슷했다.

동쪽을 선호하여 동향으로 게르를 짓고
머리를 땋는 풍속이 있었다.
6세기에서 10세기는 돌궐계가 몽골 초원을 장악했다.
그러나 9세기 중반 키르기스의 침입으로
돌궐의 후예인 위구르 제국이 붕괴하여 남쪽으로 이동하자
몽골초원엔 일시적으로 힘의 공백이 발생했다.

이때 위구르 제국의 동북부 변경 지역에 살던 타타르족을
비롯한 나이만, 케레이트, 메르키트, 오이라트 몽골 등
다양한 몽골계 부족이 유입되었다.
이들은 자신의 집단을 모두 울루스라 했다.
이 몽골계 집단은 신·구당서의 몽올蒙兀실위란 이름으로
알려졌다.

그 가운데 실위라 불리는 집단도 포함되어 있다.
이 실위족에서 칭기즈칸이 이끄는 몽골족이 출현했다.

『몽골비사』에 따르면 몽골은 오논, 케를렌, 톨라
세 강이 발원하는 부르칸 칼둔산 근처에 자리 잡았다.
이들은 '부르테 치노'(잿빛 푸른 늑대)와
'코아이 마랄'(흰 사슴) 이라는 전설적 조상의 후예로
동쪽에서 이주해온 집단이다.

그 후손과 결혼한 '알랑 고아'는 하늘의 빛으로 잉태해
몽골인의 선조가 되는 세 아들을 낳았다.
막내 '보돈찰'이 보르지긴계 키야트 가문의 시조가 됐으며
칭기즈칸은 그의 10대손이다.
하늘의 자손으로 여겨지는 칭기즈칸의 황금 가문은
이로부터 기원한다.

칭기즈칸 곧 테무친(1162~1227)의 부친 예수게이(1134~1171)는
메르키트 부족 수령의 아내인 호엘룬을 납치해 결혼했다.
테무진은 1162년 오논강변의 델리운 몰닥에서 태어났다.
1178년 16살 무렵 테무진은 보르테(1161~1230)와 결혼한다.

그러나 메르키트 부족이 포일론을 빼앗긴 것에 대한 복수로
테무진의 아내 보르테를 납치해 갔다.
테무진은 난관을 돌파하기 위해 케네이트와 동맹을 맺고
자지라티에 자무카와 손을 잡은 뒤
메르키트족을 토벌하고 보르테를 되찾았다.
테무진은 1189년에 쿠릴타이에서 전 몽골국의 칸으로 추대되어
최초로 칭기즈칸이란 칭호를 얻었다.

1206년 칭기즈칸은 쿠릴타이에서
국가 운영을 위한 기본 조직과 제도를 만들었다.
먼저 통합된 유목민들을 모두 천호란 조직으로 재편성하고
자기에게 충성했던 사람들을 천호장으로 임명했다.

『몽골비사』에 따르면 이때 95개 천호가 편성됐다.
이러한 십진제 조직은 오래전부터 있어 왔다.
그러나 몽골의 천호는 군주에게 충성하는
고도로 중앙집중화된 조직이란 점에서 달랐다.
또한 천호, 백호, 십호의 수령 자제들로 구성된
만 명에 달하는 친위대인 캐식을 조직했다.

그리고 정치 체제를 삼부로 나누어
중부는 대칸이 직접 통치하고
좌우 후에는 각각 대만호를 임명해 다스리게 했다.
이제까지 대립과 반목을 되풀이하던 유목민들은
강력한 조직과 규율로 무장된 새로운 기마군단 종족과 언어의
차이를 넘어 모두 몽골이라 불리는
새로운 집단으로 재조직되었다.

몽골지 곧 대몽골 울루스라는 거대한 정치 연합체가
탄생한 것이다.

14세기 중반 차가타이 울루스에서
몽골제국의 전통을 계승한다고 자부하며 몽골을 뜻하는
모굴이라 자칭한 유목민들 사이에서 이슬람이 급속히 퍼졌다.

이때 새롭게 등장한 티무르는 35년간 원정을 단행하며
중앙아시아에서 서아시아 그리고 킵차크 초원에 이르는
광대한 영역을 정복하여 제국을 건설했다.

그는 이슬람의 수호자로서 그리고 대몽골 울루스의 재건이라는
명분과 목표를 내세워 통합을 이루려고 했다.
그의 5대손인 바부르가 인도로 들어가 무굴제국을 세웠다.

몽골의 후손들이 경영한 무굴제국은 수많은 소규모 왕국들로
분열돼 있던 인도를 정치적으로 통합시켰다.
무굴 황제들은 무슬림이었지만
힌두교를 존중하고 종교적 화합을 추구했다.
이 때문에 이슬람 문화가 별다른 저항 없이 수용되어
인도 문화를 한층 더 풍부하게 만들었다.

그러나 14세기 중반을 전후하여
몽골제국은 전반적으로 붕괴된다.
청해·영하 인근 지역에서 처음 발생한 흑사병이
동방의 칸 울루스는 물론 서방의 삼대 울루스를 거쳐
유럽으로 퍼져 나갔다.

이 때문에 몽골제국을 구성하던 여러 울루스가
치명적인 타격을 입고 울루스들을 연결하던
내륙교통로의 기능이 마비되며
제국의 전반적인 약화와 붕괴를 초래했다.

청은 내몽골을 점령하고 1689년 청·러 간 네르친스크 조약을
체결하여 점차 몽골 전역을 장악해 나갔다.
몽골은 청나라의 지배 속에서 1911년 신해혁명을 기회로
독립에 성공한다.

하지만 같은 해 청나라 멸망 후 들어선
중화민국의 무력 침공으로 독립은 사실상 물거품이 되고 만다.
이후 지속된 독립운동 과정에서 러시아의 지원을 받으며
1924년 몽골인민공화국으로
세계에서 두 번째 공산국가로 외몽골만 독립한다.

소련 해체 이후 1992년 민주화를 이루었으며
사회주의를 폐기하고 오늘의 몽골국에 이르고 있다.

유목문화의 사상 : 텡그리 숭배

유목문화의 국가 경영 방식의 중심에는 천신숭배, 이 우주의 창조주 조화주 하나님, 역사의 통치자 하나님을 받드는 텡그리 신앙이 있습니다.

중국 사서를 보면 유목문화의 심장부에는 흉노가 있었습니다. 흉노족은 천지와 일월을 숭배하고 조상을 섬겼습니다. '숭천지崇天地 배일월拜日月 경선조敬先祖' 천지를 숭상하고 일월을 숭배하며 조상을 공경하는 것은 인류문화의 근원, 원형이 되는 동서 인류의 모태 문화가 가지고 있는 가장 소중한 것입니다. 인간의 삶에 있어서 한시도 소홀히 할 수 없는 진리의 근본 주제, 역사문화의 중심 주제입니다.

그리고 1월과 5월, 9월에 대제大祭, 천제를 올렸습니다. 1월 천제 때는 부족장들이 모여서 일 년 살림살이를 계획하였고, 특히 5월에는 용성에서 용성대제를 올렸습니다. 이 대제는 전체 족속들이 대동단합하는 천제였습니다. 그리고 9월 가을 무일戊日에는 텡그리 신에게 감사하는 추수제를 행했습니다. 이처럼 흉노는 스스로 천손족, 텡그리의 직계손이라는 믿음을 가지고 있었고, 천신에게 제를 올리는 문화 축제의 원형도 가지고 있었던 것입니다.

흉 노 속   세 유 삼 룡 사
匈奴俗에 歲有三龍祠하니
상 이 정 월 오 월 구 월 무 일   제 천 신
常以正月五月九月戊日에 祭天神이라

흉노의 풍속에 해마다 삼룡사三龍祠가 있는데, 항상 정월과 5월과 9월 무일戊日에 천신에게 제사지낸다.(천쉬징陈序经, 『흉노통사』)

범엽 후한서　왈　흉노속　세유삼룡사
范曄 後漢書에 曰 "匈奴俗에 歲有三龍祠하니
상 이 정월 오월 구 월 무 일 　제 천 신
常以正月五月九月戊日에 祭天神이라."

범엽의 후한서에서 다음과 같이 말한다. 흉노의 풍속에 해마다
삼룡사가 있는데, 항상 정월과 5월과 9월 무일戊日에 천신에게
제사지낸다.(『한원翰苑』번이부蕃夷部)

세 정 월 　제 장 　소 회 선 우 정 　　사
歲正月에 諸長이 小會單于庭하고 祠하니라.
오 월 　대 회 농 성 　제 기 선 천 지 귀 신
五月에 大會龍城하야 祭其先·天地·鬼神하니라.
추 마 비 　대 회 대 림 　　과 교 인 축 계
秋馬肥에 大會蹄林하야 課校人畜計하니라.

매년 정월에는 여러 장들이 선우정에서 작은 모임[小會]을 갖고
제사를 지냈다. 오월에는 농성(龍城)에서 큰 모임[大會]을 갖고 그
들의 조상, 천지, 귀신에게 제사를 지냈다. 가을이 되어 말이 살
찔 무렵에는 대림(蹄林)에서 큰 모임을 열어 백성과 가축의 숫자
를 헤아렸다. (『사기』「흉노열전」)

이 텡그리, 천신을 삼텡그리라 하는 것처럼 우리는 '삼신'이라
부릅니다. 우리 동방의 유교나 도교 문화에서, 또 환국의 동방
첫 나라 배달국으로부터 보면 6천 년, 크게 동서 인류의 문화의
고향, 인류문명의 고향인 환국에서 보면 9천 년 역사 전통에서
볼 때 바로 삼신상제님을 텡그리로 섬겨온 것입니다.

환국의 건국자, 통치자 환인께서도 이 천산에 머무르시면서
주제천신主祭天神, 즉 천신께 지내는 제사를 주관하셨습니다. 또
그를 계승한 환웅천황이 동방에 오셔서 스무하루를 택하여 천상
의 삼신상제님께 제를 올렸다는 기록이 있습니다.

環 人　　강 거 천 산　　주 제 천 신
桓仁이 降居天山하사 主祭天神하시며

환인께서 천산에 내려와 거처하시며 천신께 지내는 제사를 주관
하셨다. (『태백일사』「환국본기」)

택 삼 칠 일　　제 천 신
擇三七日하사 祭天神하시며

(환웅천황께서) 삼칠일(21일)을 택하여 상제님께 제사지내고 (『삼성
기전』「상편」)

　　그러면 이 지구촌 유목문화에서 칸의 제왕문화의 원형은 어디
서 왔는가? 그것을 우리가 언어의 분화과정으로 정리해 보면, 이
칸이라는 말은 동방 단군조선의 삼한문화에서 왔습니다. 그것이
삼주스 문화로 분화가 됩니다.

| 칸 제왕문화의 역사 |

　　'칸汗'은 '한韓'에서 오고, '한韓'은 바로 천산 동방의 원형문화,
인류 최초의 문명국가 '환桓'에서 왔습니다. 환국의 통치자 환인
桓仁에서 온 것입니다. 그래서 인류 최초의 대칸은 바로 안파견
환인입니다. 안파견은 바로 텡그리의 마음, 심법을 전수받아 아
버지의 도를 세웠다는 뜻입니다. 안파견은 아버지의 다른 말입니
다. 그래서 요나라의 건국자도 안파견이라는 호칭을 직접 썼습
니다.

蓋所謂 安巴堅은 乃繼天立父之名也오.
<small>개 소 위 안 파 견　　내 계 천 입 부 지 명 야</small>

무릇 '안파견'이란 텅그리의 심법을 전수받아 아버지의 도를 세
웠다는 뜻이다.(『태백일사』「삼신오제본기」)

契丹主安巴堅遣使貢良馬。
<small>거 란 주 안 파 견 견 사 공 양 마</small>

거란 왕 안파견(야율아보기)이 사신을 보내 좋은 말을 바쳤다.
(『구오대사舊五代史』 권4 「양서梁書」)

　기록을 보면, 이 유라시아 문화권에 안파견을 음사音寫한 지명
도 여러 곳 있습니다.

　이렇게 천지와 일월 조상을 숭배하는 유목문화의 핵심, 문화
정신의 원류는 바로 텅그리의 대행자 칸의 문화정신입니다. 흉노
는 칸을 '탱리고도撑犁孤塗 선우單于'라고 했습니다. 그런데 중국
학자 주학연朱學淵(1942~　)이 "유목문화에서 흉노의 통치자 선우
單于는 단간單干의 착오이다."(『진시황은 몽골어를 하는 여진족이었다』)
라고 지적했습니다.

　통치자 호칭을 보면 유연柔然과 돌궐은 '가한(카간)可汗'이라 부
르고, 몽골은 '칸汗'이라 불렀습니다. '칭기즈 칸'은 전체를 통합
한 천하의 대칸大汗입니다. 청나라도
'한汗'이라고 했습니다. 그리고 거란
은 '대하大賀', 위대한 왕이라 하고, 당
나라 태종太宗 이세민李世民(598~649)은
아버지를 모시고 천하를 통일했을 때
'천가한天可汗(하늘에서 내린 칸)'이라고
했습니다.

주학연(주쉐왠朱學淵 :1942~)

국가명	통치자 칭호
흉노	탱리고도선우撑犁弧塗單于, 선우는 '**단칸**單干'의 오기誤記
유연	**가한**可汗(카간, 카안)
돌궐	**가한**可汗(카간, 카안) (왕족 성씨 아사나 Asana阿史那)
몽골	**칸**
청	초기 한(누르하치는 처음에 "**누르하치 한**"이라 불렸다. 2대부터 중국식 **황제 칭호 사용**(숭덕제), 차하르부로부터 원나라의 옥새를 얻고 몽골 제국의 계승자를 자처하고 난 다음에는 카간(대칸)이라는 칭호도 사용했다(복다칸 혹은 복다카간).
거란	대하大賀(大에 왕(칸)을 의미하는 ~하賀를 붙여 위대한 왕)
당	**황제**, 당나라 태종이 돌궐을 멸망시킨 이후 받은 천가한天可汗 또는 텡그리 카간

단군조선과 카자흐스탄, 유라시아에서 만나다

다음으로 유목문화 제국의 중심에 있는 칸과 텡그리 문화의 원형 즉 카자흐스탄과 단군조선의 아사달 문명을 정리해 보기로 하겠습니다.

지금 대한민국 역사학계의 역사관이 어떻게 이야기되고 있는가 하면, '우리는 한반도 안에서만 살아왔다'고 보는 '반도사관 半島史觀, 소한사관小韓史觀'이라 합니다. 이 역사관을 가진 사람들은 뿌리를 부정하고 단군을 신화속 인물로 봅니다. 단군조선의 기록에 남아있는 북방민족사를 다 부정하고 소홀히 하기 때문에, 우리 대한의 원 조상인 단군조선의 역사와 북방민족사가 직접적인 친연관계가 있다고 주장하지 못합니다.

고려시대에 쓴 『단군세기』에, 6세 달문達門 단군 때 동아시아의 칸들과 오늘날 중국 길림성 장춘長春의 한 성산聖山에 모여서 텡그리에게 천제를 모신 행사가 있었다고 기록되어 있습니다. 그 내용이 조선시대까지 내려오고 있습니다. '신지비사神誌祕詞(서효사誓效詞)'라는 이름의 이 기록을 단재 신채호 선생은 '동아시아 최초의 역사서'라고 했습니다.

이뿐만이 아닙니다. 단군조선에 관한 기록을 담고 있는 책들로는 『삼국유사』와 동시대에 나온 행촌 이암의 『단군세기』, 조선시대 이후의 『규원사화』(북애자, 1675년), 『동사연표』(어윤적, 1915년), 『조선사략』(김종한, 1923년), 『대동사강』(김광, 1929년) 같은 책들이 다수 있는데 현 학계에서는 이런 내용을 무조건 다 부정합니다.

이는 일본 제국주의자들이 환국과 배달, 조선은 역사가 아니라 한 것부터 시작합니다. '환인과 환웅과 단군이라는, 할아버지, 아버지, 아들의 3대 역사다, 이것은 신화의 역사다' 해서 뿌리를 다 부정하고 조작한 것이 지금도 역사의 진실로 제시되고 있습니다. 그렇게 세뇌가 되어 한국인들의 역사 유전자가 다 파괴됐습니다. 이것이 오늘날 대한민국과 고려인의 엄정한 역사 현주소인 것입니다.

한국의 역사학계가 이런 상황에서, 중국 정부도 처음에 '홍산문화는 우리들의 역사가 아니다. 신비의 왕국[神祕的王國]이다. 만리장성 밖의 북방문화다'라고 하다가 최근에 세계 학계에 내보내는 논문에는 만리장성 아래쪽 황하문명은 물론이고 만리장성 북쪽의 요하문명, 홍산문화도 중국 문명이었다고 합니다. 남북

문화의 특성이 중국 문화 안에 다 있다고 하면서 가져가 버렸습니다. 그러나 홍산문화를 해설, 정의할 수 있는 기록이 중국 기록에는 한 페이지도 없습니다.

그러면 동방에 어떤 제국이 있었는가? 유엠 부틴 박사의 말대로 단군조선을 모르면 유목문화의 고향에 들어갈 수 없습니다. 역사문화 정신의 원류, 뿌리를 알 수 있는 길이 없어요. 그만큼 단군조선은 중요합니다.

『삼국유사』는 1281년, 지금으로부터 약 7백여 년 전에 나왔는데 세계 학계에 공인된 문서입니다. 여기에 있는 단군조선에 대한 기록, '고조선' 조를 보면, '왕침王沈이 쓴 『위서』에서 말하기를 2천 년 전에 단군왕검이 계셔서 아사달에 도읍을 세우시고, 나라를 세워서 조선이라 불렀는데, 4,300년 전에 중국의 요임금과 같은 때라 하였다.'고 되어 있습니다.

『삼국유사』「고조선」

魏書에 云 乃往二天載에
有壇君王儉이 立都阿斯達하시고
開國號朝鮮하시니 與高同時니라.

위서에 이르기를 지난 2천년 전에 단군왕검께서 도읍을 아사달에 정하시고 나라를 세워 이름을 조선이라 하시니 요임금과 같은 시대라 하였다.

古記에 云 昔有桓国하니
庶子桓雄이 數意天下하야 貪求人世어늘 父知子意하고

^하 ^시 ^삼 ^위 ^태 ^백　　^가 ^이 ^홍 ^익 ^인 ^간
下視三危太伯하니 可以弘益人間이라
^내 ^수 ^천 ^부 ^인 ^삼 ^개　　^견 ^왕 ^이 ^지
乃授天符印三箇하사 遣往理之하시니라

고기에 이르기를 옛적에 환국이 있었다.

서자부의 환웅이 천하를 건지려는 뜻을 가지고 인간 세상을 구하고자 하거늘 환국을 다스리시는 아버지 환인께서 아들의 이런 뜻을 아시고 아래로 삼위산과 태백산을 내려다보니 널리 인간에게 이로움을 줄 만한지라. 이에 아들에게 천부와 인 세 개를 주어 보내 이곳을 다스리게 하셨다.

^웅　^솔 ^도 ^삼 ^천　　^강 ^어 ^태 ^백 ^산 ^정 ^신 ^단 ^수 ^하
雄이 率徒三千하사 降於太伯山頂 神壇樹下하시니
^위 ^지 ^신 ^시　^시 ^위 ^환 ^웅 ^천 ^왕 ^야
謂之神市요 是謂桓雄天王也시니라

이에 환웅이 무리 3천 명을 거느리고 태백산 꼭대기 신단수 아래에 내려오시어 이를 신시라 이르시니 이분이 바로 환웅천왕이시다.

^장 ^풍 ^백 ^우 ^사 ^운 ^사
將風伯雨師雲師하시고
^이 ^주 ^곡 ^주 ^명 ^주 ^병 ^주 ^형 ^주 ^선 ^악
而主穀主命主病主刑主善惡하시며
^범 ^주 ^인 ^간 ^삼 ^백 ^육 ^십 ^여 ^사　　^재 ^세 ^이 ^화
凡主人間三百六十餘事하사 在世理化하시니라

환웅께서 풍백과 우사와 운사를 거느리고 농사와 왕명과 질병과 형벌과 선악을 비롯하여 인간 세상에 360여 가지 일을 주관하시고 신교의 진리로서 정치와 교화를 베푸셨다.

^시　^유 ^일 ^웅 ^일 ^호　　^동 ^혈 ^이 ^거
時에 有一熊一虎가 同穴而居러니
^상 ^기 ^우 ^신 ^웅　　^원 ^화 ^위 ^인
常祈于神雄하야 願化爲人이어늘
^시　^신 ^유　^영 ^애 ^일 ^주　^산 ^이 ^십 ^매
時에 神遺로 靈艾一炷와 蒜二十枚하시고

이때 웅족과 호족이 같은 굴에 살았는데 늘 삼신상제님과 환웅님께 사람이 되게 해달라고 빌었다.

이에 환웅께서 신령스러운 것을 내려주시며 그들의 정신을 신령스럽게 하시니 그것은 곧 쑥 한 타래와 달래 스무 매였다.

<ruby>曰<rt>왈</rt></ruby> <ruby>爾<rt>이</rt></ruby> <ruby>輩<rt>배</rt></ruby> <ruby>食<rt>식</rt></ruby> <ruby>之<rt>지</rt></ruby>하고 <ruby>不<rt>불</rt></ruby> <ruby>見<rt>견</rt></ruby> <ruby>日<rt>일</rt></ruby> <ruby>光<rt>광</rt></ruby> <ruby>百<rt>백</rt></ruby> <ruby>日<rt>일</rt></ruby>이면 <ruby>便<rt>변</rt></ruby> <ruby>得<rt>득</rt></ruby> <ruby>人<rt>인</rt></ruby> <ruby>形<rt>형</rt></ruby>하리라」

日 爾輩食之하고 不見日光百日이면 便得人形하리라」
熊虎得而食之러니 忌三七日에 熊得女身이나
虎不能忌하야 而不得人身이라

환웅께서 이르시기를 너희들은 이것을 먹으면서 햇빛을 보지 말고 백일 동안 기원하라 그리하면 인간의 본래 참모습을 회복할 것이니라 하셨다.

웅족과 호족이 한웅께서 주신 쑥과 달래을 먹으면서 스무하루 동안을 삼감에 웅족은 여자의 몸이 되었으나 호족은 금기를 지키지 못하여 사람의 몸이 되지 못하였다.

熊女者無與爲婚 故로 每於壇樹下에 呪願有孕이어늘
雄乃假化而婚之하사 孕生子하시니
號曰壇君王儉이시니라

웅족 여인이 혼인할 곳이 없으므로 매일 신단수 아래에 와서 아이를 갖게 해달라고 빌었다.

이에 환웅께서 웅족 여인을 임시로 광명의 민족으로 받아들여 혼인해 아들을 낳으시니 이름을 단군왕검이라 하였다.

지금 우리 한국인, 고려인의 조상이 직접 우리에 대해 기록한 것이 '고기古記'입니다. 고기에는 환국의 아버지가 그 아들에게 천부天符와 인印 3개를 주었다고 했습니다. 천부天符라는 것을 인류 최초의 경전인 『천부경天符經』으로도 해석하는데요. 지금 우리는 불경이나 신약, 구약밖에는 모르지만 9천 년 전에 이 천산 아래 환국에서 나온 인류 최초의 경전인 천부경이 있었단 말입니다. 9×9=81. 여든한 글자에서 모든 종교, 동서의 정치사상, 인간의 생활문화, 깨달음의 원리가 나온 것입니다.

고조선 조의 기록에 나오는 것처럼 환웅천황이 텡그리 삼신을 섬기면서 한마음이 돼서 국가 건설에 생사를 함께하는 문명개척단 3천 명 코미타투스를 거느리고 동방으로 간 겁니다. 환웅은 태백산 꼭대기 신단수 아래 내려오시어, 그곳을 신의 도시, 신시神市라 했습니다. 그곳을 '하늘 평야', 천평天坪이라고 합니다. 아주 탁 터져서 경계가 없단 말입니다.

우리 고려인의 최초의 동방 나라 수도가 신시이고 나라 이름은 '배달'입니다. 우리는 배달민족입니다. 반만년 배달민족, 배달 역사라고 했는데 지금은 이 말을 다 잃어버렸습니다.

그 뒤에 단군왕검檀君王儉이 아사달에 도읍을 정하고 나라를 세워서 이름을 '조선'이라고 했습니다. 역사적 인물들이 천산을 이동하면서 나라를 세우는 과정을 보면 전혀 신화가 아닙니다.

단군왕검

만주로 가보면, 중국의 3대 대평원의 하나인 삼강평원三江平原이 있습니다. 백두산 물이 쭉 흘러서 송화강松花江으로 해서 돌아서 여기 왼쪽에 하얼빈이 있고, 오른쪽에 칠성산七星山과 봉림고성鳳林古城이 있습니다.

동북아의 자궁, 삼강평원

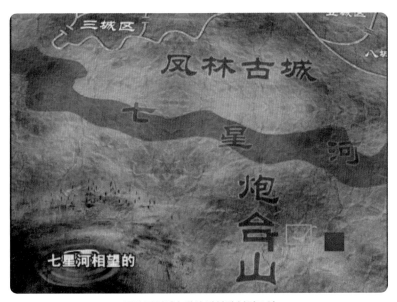

중국 국영방송에서 방영된 봉림고성

　여기에서 정말로 그 누구도 놀라지 않을 수 없는 대사건이 일어났습니다. 중국 국영방송 CCTV에서 유적을 찍어서 방영한 적이 있는데, 바로 지구 문명의 텡그리 신앙 원형, 그 제단이 나왔어요. 3층으로 된 이 제단의 맨 위에 북극성과 북두칠성이 있습니다. 칠성산 옆에 있는 이 봉림고성 칠성제단이 텡그리 신앙의 원형입니다. 모든 유목문화 제국의 대칸들이 삼신 텡그리신, 삼신상제님의 역사문화의 정통 대행자로서 이 문화를 가져왔단 말입니다. 카자흐스탄 국장에도 북극성이 있잖아요?

여기에 송화강과 오소리강烏蘇里江, 흑룡강黑龍江이 합수하고 오소리강으로 ㄱ자로 꺾여서 오호츠크 해로 빠져나가는데 그곳에 완달산完達山이 있습니다.

『환단고기』에서는 바로 완달산이 배달국의 환웅천황과 조선의 단군왕검을 비롯한 역대 단군들이 텡그리 삼신상제님께 천제를 지낸 성산이라 말하고 있습니다. 중국 사람들은 완다샤안이라 하는 완달산이 바로 불함산不咸山입니다. 『환단고기』『태백일

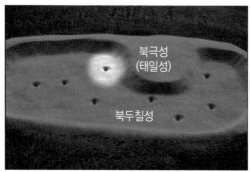

칠성제단 복원도 북극성과 북두칠성(흑룡강성 보청현)　**카자흐스탄 국장에 있는 북극성**

사』의 「신시본기」 첫 페이지를 보면, 태백산(백두산)이 북쪽으로 쭉 달려서, 우뚝 솟은 장엄한 모습이 비서갑 경계에서 탁 멈췄다고 했습니다. 그래서 비서갑에 환웅천황이 오셨습니다.

太^태白^백山^산이 北^북走^주하야
屹^흘屹^흘然^연立^립於^어斐^비西^서岬^갑之^지境^경하야

태백산이 북쪽으로 달려가 우뚝 솟은 장엄한 모습이 비서갑 경계까지 이어졌고(『태백일사』「신시본기」)

중국 정부에서 이 소남산小南山 유적을 제대로 발표를 하지 않습니다. 홍산문화보다도 10년 전에 발굴된 소남산 유적은 더 이상 발굴하지 않고 있습니다. 소남산 유적의 한 무덤에서만 60여 점의 옥기玉器가 나왔습니다. 1983년 우하량의 제사장 왕의 무덤 전체에서 나온 옥기보다 더 많은 양입니다. 흑룡강성과 소남산 유적지 세 곳의 유물 연대도 약 5천 년에서 8천 년 전입니다.

그러나 중국 정부는 소남산 출토 유물들을 여러 장소에 분산 보관하고, 역사 비밀을 숨기기 위해서 2천 년~3천 년씩 유물 연대를 낮춰버립니다.

잠깐 몇 가지를 보면, 왕의 머리 오른쪽에는 삼련벽三聯璧이 있습니다. 삼련벽은 텡그리신을 섬긴 제사장 왕의 무덤에서 나왔는데, 하늘과 땅과 인간은 일체라는 뜻을 가지고 있습니다.

소남산 고분의 옥기 출토 배치도
(흑룡강성 박물관)

삼련벽

소남산 유적발굴 현장(1971년)

이 삼련벽과 함께 여러 가지 옥 유물이 나오고 있습니다. 옥벽, 옥환, 옥도끼, 옥비녀, 옥결, 옥구슬 등이 나왔습니다.

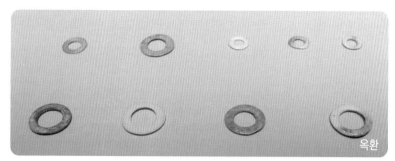

1만여 년 전 소남산 유적에서 발굴(흑룡강성 쌍압산시 박물관)

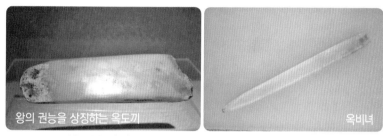

7500~5000년 전 소남산 고분에서 출토(흑룡강성 요하현 박물관)

5천여 년 전 소남산 고분에서 출토(흑룡강성 박물관)

동서 인류와 한국인의 뿌리, 배달의 원 고향, 천산의 환국

동서 인류문명의 고향, 환국에서 서자부 환웅이 동방으로 이주하였습니다. 그렇다면 이 환국桓國은 어떤 나라인가? 환국은 천산 동방에서 열두 나라로 있었습니다. 환국을 연, 최초의 나라 아버지가 바로 안파견安巴堅 환인桓仁입니다. 1세, 2세, 3세 해서 7세 환인까지 있었습니다.

1대	안파견	
2대	혁 서	
3대	고시리	
4대	주우양	총 역년 3,301년
5대	석제임	
6대	구을리	
7대	지위리	

| 환국의 통치자 |

그때는 사람들이 아마 수백 세를 살았는가 봅니다. 인류학에서는 그때를 무병장수의 황금시절, 낙원시절이었다고 합니다. 전쟁이 전혀 없었던 것은 아니지만 큰 전쟁이 없었습니다. 물론 12환국에서도 나라끼리 서로 분쟁이 일어나서 한 나라의 족속이 대거 이동한 내용이 『태백일사』 「환국본기」*에 나와 있습니다.

『환단고기』를 보면 열두 나라가 있는데, 이 열두 나라가 천산 동방에 있었습니다. 그런데 지구의 지붕 파미르 고원에서 살던 케레이족이 몽골로 돌아가서 그 아홉 족속이 열두 나라를 건설했다는 재미있는 전설이

* 12환국 중 '직구다국이 독로국에게 패하여 금산(알타이산)으로 옮겼다.'

수밀이국 사납아국 양운국 매구여국 선비국   구다천국

바이칼호   구막한국

     일군국

히말라야산맥   천산   구모액국

인도   비리국

     우루국

     객현한국

있습니다*. 이것을 『환단고기』에서는 천산에서 구환족九桓族, 아홉 족속이 12환국을 건설했다고 했습니다. 12환국의 나라이름과 7세 환인이 기록되어 있습니다. 일곱째 마지막 환인 때, 동방 개척단, 환웅의 신시개척단 이야기가 등장합니다.

환웅천황이 신시로 내려왔을 때 곰과 호랑이가 옵니다. 실제로 곰과 호랑이가 와서 사람이 되게 해달라 한 게 아니라, 웅족과 호족의 대표자들이 '저희에게 천산 환국의 광명 문화정신을 전해 주옵소서' 하고 간청한 것입니다. 곰과 호랑이는 각 부족을 지키는 토템입니다. 환웅께서는 '그러면 동굴에 들어가서 백 일 동안 햇빛을 보지 말고 수행을 하라'고 하신 겁니다.

결정적인 것은 삼칠일 공부인데 3·7 도수입니다. 달래와 쑥을 준 것은 냉병 걸리지 않고, 복마lurking

* 카자흐스탄의 한 부족인 케레이족의 기원에 대해 기록한 책에 의하면 '케레이족'은 원래 파미르 일대에 살았던 민족으로 후일 중원과 몽골초원에 나라를 세우고 살았는데 이들은 스스로를 '토그즈 오그즈'라고 불렀고 의미는 '9개의 위구르족'이라는 의미이다. 여기서 '오그즈'라는 단어는 '화살'이라는 의미를 가지고 있으므로 '9개의 화살'이라는 의미도 되어 오늘날 한국인들이 자신의 조상을 구이족(九夷族)에서 왔다고 하는 것과 동일한 이야기를 하고 있다. (김정민, 『단군의 나라 카자흐스탄』 p.41)

demons, 엎드려서 늘 파괴시키려고 하는 영적 존재, 마귀를 물리칠 수 있다는 것입니다. 이렇게 3과 7은 텡그리 문화의 상징입니다.

환웅의 신시배달을 계승한 단군조선은 1세 단군에서 21세 단군까지 제1 왕조시대 1,048년 동안은 나라의 영토를 셋으로 나누어서 삼한三韓이라 했습니다. 만주 쪽은 진한, 한반도 전체는 마한, 요서 지역은 번한이었습니다. 산동반도가 있는 산동성에서 그 아래쪽까지도 단군조선의 직·간접 통치영역이었습니다. 이렇게 나라를 세 개의 영역, 즉 삼한으로 나누어 다스리던 제도를 삼한관경제三韓管境制라 합니다. 이 삼한관경제가 단군조선의 국가 경영방식을 보여 주는 가장 중요한 정치 개념입니다.

한국의 전통 역사학계에서는 이것을 이해하지 못합니다. 그 이유는 우주 텡그리 문화를 이해하지 못하기 때문입니다. 나와 역사, 나와 대자연, 나와 하늘, 나와 우주는 어떤 관계에 있느냐 하는 것을 모르는 것입니다. 이게 바로 텡그리 문화인데, 텡그리는 3수로써 온 우주를 다스립니다. 원자로부터, 인간의 의식세계, 대우주 자연계까지 모든 것은 3수로 구성되어 있습니다. 하늘과 땅과 인간, 인간 몸의 구조도 머리·몸통·다리, 심지어 손가락 마디도 3수입니다. 인간 마음의 의식 구조도 의식과 무의식, 그 근원이 되는 한마음(一心), 즉 텡그리 마음 경계가 있습니다. 이 3수

하늘 · 땅 · 인간	**3**
머리 · 몸통 · 다리	
손가락 마디	우주의 창조 중심수
의식 · 무의식 · 한마음(一心)	

가, 카자흐스탄의 바이테렉과 같은 상징물로서 자리를 잡고 있는 것입니다.

단군조선의 이 텡그리 천신 3수 경영 사상이 카자흐스탄에서는 3주스로 나타납니다. 발음상 주스라 하는데 주잔, 주잔국입니다. 단군조선은 '조선'이라 하는데, 중국 문서에 보면 '주신珠㐀'이라고도 합니다. 그리고 칸, 텡그리는 통치자 단군에 해당합니다. '오르타 주스', '크스 주스', '울루 주스'가 3주스인데, 이것은 진한, 번한, 마한과 대응합니다. 수도 아스타나는 단군조선의 아사달에 해당하죠.

	국명	통치자	통치제도	수도
카자흐스탄	주스(주잔)	칸, 텡그리	오르타주스 크스주스 울루주스	아스타나
단군조선	조선(주신)	단군	진한 번한 마한	아사달

| 대한민국과 카자흐스탄의 유사점 |

에어 아스타나 비행기를 타고 수도 '아스타나(아사달)'에 왔습니다. 신단수인 '바이테렉 타워'에 가서 꼭대기를 보니 삼신의 창조 이법을 상징하는 세 개의 기둥이 있고 거기에 삼각형이 있더란 말입니다. 대통령이 '내가 이 나라의 대칸이니까 우리 카자흐스탄 국민들은 나와 한마음이 되자'고 하는 하나의 상징물입니다.

그러면 아사달阿斯達은 무엇인가? '아사'에는 최초라는 뜻이 있습니다. 옛날 조선 사람들은 빨래할 때, 우선 비벼놓고 '아시' 빨았다고 합니다. '아시', '아사'라는 말은 최초라는 뜻이 있고, '아사달' 하면 탁 터진 큰[大] 땅, 최초의 땅, 밝은 땅이라는 뜻입니다.

멕시코 아스테카인과 한국인의 친연성

멕시코에 스페인 군대가 쳐들어갔을 때(1521년) 거대한 피라미드 건물, 아사달 문명의 천제단을 보고서 너무 놀라 "당신들은 어디에서 왔소?" 하니까, "우리는 저 동북아에서 아스단에서 배를 타고 왔소."라고 했습니다. '아스단', '아사달', '아스타나'는 전 지구촌 곳곳에 있습니다.

멕시코 사람들이 자기들은 아스테가azteca, '하얀 사람'이라고 했습니다. 아스테가인들은 상투를 틀고 연지곤지를 찍고, 지게를 지고, 아이들을 업었습니다. 고려인의 옛 풍속을 멕시코 옛 조상들이 그대로 가지고 있었던 것입니다.

동서문화의 보편성을 전해 주는 사서, 『환단고기』

이 동서 문명의 시원을 밝혀주는 인류문명의 첫 나라, 문명의 아버지 나라는, 천산 동방의 환국이었습니다. 그리고 우리 한국인은 바로 배달, 조선, 북부여, 고구려를 이어서 남북국시대로 이어왔습니다. 남북국시대에는 대진大震(발해)이 북쪽에 있었고 남쪽에 통일신라가 있었습니다. 그리고 고려, 조선을 이어 지금은 분단국가 시대입니다.

1	2	3	4	5	6	7	8	9
환국	배달	조선	북부여	고구려	대진 신라	고려	조선	남한 북한
삼성조시대 : 원형문화시대			열국 시대	사국 시대	남북국 시대			남북 시대

| 9천 년 한민족사의 국통맥 |

『환단고기』는 다섯 분이 천 년에 걸쳐서 쓴 책입니다. 저자들은 당대 최고의 지성인이었습니다.

첫 번째 책 『삼성기三聖紀』는 안함로(安含老, 579~640)라는 분이 썼습니다. 이분은 수나라에 유학한 도승이고, 신라 선덕여왕 때는 나라의 살림살이를 자문하는 역할도 했습니다. 대문호였던 안함로가 우리나라의 국통을 바로 세운 것입니다. 환국에서 배달이 왔고, 단군조선, 북부여, 고구려로 그 계통이 내려왔다고 했습니다.

똑같은 『삼성기』라는 제목으로 저서를 쓰신 분이 계십니다. 이 사서는 안함로의 『삼성기』에 빠진 내용을 좀 더 보강했습니다.

안함로安含老(579~640)
· 『삼성기전』 「상편」의 저자
· 중국 수나라에서 유학한 신라의 도승
· 선덕여왕의 고문
· 유·불·선을 회통함

원동중元董仲(1330~?)
· 『삼성기전』 「하편」의 저자
· 조선 태종 이방원의 스승 원천석元天錫

저자는 조선왕조 세종대왕의 아버지 태종 이방원의 스승인 원천석(元天錫, 1330~?)이며, 책에서는 원동중이라 합니다. 중국의 춘추시대 진晉나라의 유명한 사관인 동호董狐를 존경해서 '동중董仲'이라는 필명을 썼습니다. 『환단고기』에는 이 두 『삼성기』가 합본되어 『삼성기전』이란 제목으로 실려 있는데 안함로의 책을 『삼성기전』 「상편」, 원천석의 책을 『삼성기전』 「하편」이라 합니다.

원천석의 『삼성기』를 보면 환국에 대한 내용이 좀 체계적으로 나옵니다. 3,301년을 다스리신 일곱 분 환인이 나오고, 또 놀랍게도 환국을 계승하여 3천 명 개척단을 거느리고 신시에 오신 환웅천황의 계보가 나옵니다. 그 1세 환웅이 바로 커발환 환웅입니다.

대한민국 사람이 자기의 역사, 문화, 종교, 영성문화, 의식주 생활문화의 근원을 모르고 있습니다. 환국과 배달과 조선의 개국자 환인천제, 환웅천황, 단군왕검을 모르고 있습니다.

그런데 북한 구월산九月山을 가보면 국가에서 지원해서 세운 사당이 있습니다. 삼성사三聖祠 사당에 세 분의 초상화, 어진이 실감 나게 걸려 있습니다.

단군조선은 2천 년간 정확하게 2,096년 동안 마흔일곱 분 단군이 다스렸습니다. 1세 단군왕검부터 21세 소태단군까지를 제1왕조, 22세 색불루 단군 때부터 43세 물리 단군까지 제2왕조, 44세 구물 단군부터 마지막 고열가 단군까지를 제3왕조 시대로 구분합니다. 3왕조 때는 나라 이름을 '대부여'로 바꾸었습니다. 그 뒤에 해모수의 북부여 시대로 들어갑니다.

그런데 우리나라 교과서에는 삼왕조도, 부여의 역사도 없습니

세 분 국조를 모신 삼성전

세 분 국조를 모신 삼성사三聖祠
(황해도 구월산)

환인

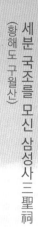

환웅

단군

다. 단군조선과 기자조선의 준왕, 위만조선의 계보로 족보가 완전히 삐뚤어져 있는 것입니다. 이것을 고려 말의 대재상이자 명필이었던 행촌杏村 이암李嵒(1297~1364)이 단군조선사로, 복애거사伏崖居士 범세동范世東(범장范樟, ?~1395)이 북부여사로 바로잡았습니다.

행촌 이암의 5세손 일십당一十堂 이맥李陌(1455~1528)이 『태백일사太白逸史』 여덟 권을 썼습니다.

그 내용을 보면 이 유라시아 유목문화의 인간관, 텡그리 신관, 역사 경영, 국가 경영방식을 알 수 있습니다. 나아가서 이 우주는 어떻게 존재하며 우주의 본성은 뭐냐? 우리들의 삶의 목적은 뭐냐? 그리고 텡그리 신관, 텡그리 신앙의 근본이란 뭐냐? 이런 내용들이 정말로 품격있게 정리되어 있습니다. 원형적인 유목문화 텡그리 역사관, 문화관의 경전, 소의경전所依經典, 제1의 경전이라고 저는 정의합니다.

『환단고기』
1. 유목문화 텡그리 역사관, 문화관의 경전
2. 소의경전所依經典, 제 1의 경전
3. 유목문화의 국가 경영 원리

『환단고기』는 인류 창세 원형문화 근본정신, 한국인의 나라 계보, 동서 인류의 문화 고향, 환국과 당시 사람들의 삶의 모습을 아주 소박하게 정리해 주고 있습니다.

텡그리는 우주를 하늘과 땅과 인간, 삼계 우주로 나누어서 다스립니다. 그래서 하늘의 광명을 환桓, 어머니 땅의 광명을 단檀

이라 합니다. 환단桓檀이라는 것은 천지광명의 역사 이야기입니다. 그리고 이 천지, 대자연 우주의 주인은 우리들 각자 인간입니다. 이것이 바로 텡그리 신앙문화의 인간론인 것입니다.

행촌杏村 **이암**李嵓(1297~1364)
- 『단군세기』의 저자.
- 문하시중門下侍中 역임.

복애거사伏崖居士 **범세동**范世東(범장范樟, ?~1395)의 묘소

일십당一十堂 **이맥**李陌(1455~1528)의 묘소

천산 보그다봉[박격달봉博格達峰]

천산 천지의 유르트Yurt

카자흐족 마을

인류 창세문명의 고향, 천산

인류의 창세문명의 고향 천산天山은 어떤 산인가?

천산에 올라가 보면 천산 호수, 천지天池가 있습니다. 가장 높은 봉우리 박격달봉博格達峰(보그다봉, 5,445m)은 봉우리가 크게 셋으로, 삼신산三神山으로 돼 있습니다. 보그다봉은 몽골어로 성스럽다는 뜻입니다. 카자흐족이 백만 명이나 천산 아래 살고 있어서, '천산은 우리 카자흐족 것이다' 하는 천산의 주인의식이 카자흐스탄 국민들의 마음에 아주 강렬히 남아 있습니다.

서왕모를 모신 천산 천지
요지궁 瑤池宮

천산 호수를 올라보면 서왕모西王母 사당인 요지궁遙池宮이 있습니다. 위의 사당은 도통을 했다는 곳이고, 그 아래 본전은 동방의 모든 신선들이 1년에 한 번씩 모인다는 곳입니다.

서역의 신장위구르자치구 박물관에서는 박격달봉을 탄한산彈汗山이라 써놨습니다. 그래서 '단한산, 단칸산, 단군산'이라 이야기를 할 수도 있습니다.

탄한산(박격달봉) : 신장위구르자치구 투루판 박물관

이렇게 천산에 천산 호수가 있고, 쭉 내려가서 보면 지구의 지붕 파미르고원과 동서 산의 근원이 되는 곤륜산崑崙山이 있습니다. 그 곤륜산을 올라가 보면 카라쿨리 호수가 있습니다. 천산문화는 지리학의 음양 이치로 반드시 산山과 강, 호수水가 음양 짝으로 있습니다. 이것을 보통 백산흑수白山黑水라 하는데, 이 백산흑수 사상에 따른 지명이 여러 곳에 남아있습니다.

　이 유라시아 문화를 근본으로 해서 흑수백산 문화가 동서양에 나타납니다. 카라는 검다, 쿨은 호수라는 뜻으로, 카라쿨은 검은 호수라는 의미입니다. 즉, 흑수백산 사상을 따라 호수의 이름을 검은 물이라 지은 것입니다. 그리고 태백산, 백두산처럼 흰 산이라는 의미를 가진 산 이름이 동북아에는 많이 있습니다. 산수山水의 음양 사상은 전체적으로 천산문화를 계승한 것입니다.

　다시 말해서 우주와 인간, 이 세계와 나, 유목문화와 오늘의 우리는 어떤 관계에 있는지 빅 히스토리big history를 알려면, 『환단고기』를 꼭 제대로 읽어봐야 합니다.

흑수黑水문화를 간직한
곤륜산 카라쿨리호수

제가 한 30~40년간 이 책을 쭉 보면서, '『환단고기』는 거짓말 책인가, 아니면 역사의 진실을 담은 책인가?' 이것을 지구촌 현장에 가서 직접 보기 위해 지구촌 역사탐방을 했습니다. 직접 가서 보니까 『환단고기』에 실린 원형문화 정신이 지구촌 곳곳에 다 있어요. 아프리카에도, 유럽 북부 아일랜드, 영국 북부 스코틀랜드에도, 중동, 이집트, 인도, 마야문명에도 있었습니다.

3부

유라시아 문명권의
중심 문화주제

유라시아 문화의 역사정신

이 지구와 우주를 다스리시는 텡그리 신을 믿는 텡그리 신앙은 무엇인가? 그 유목문화 정신의 핵심은 무엇인가? 칸의 정신, 칸은 어디서 내려온 것인가? 이런 문제와 관련되는 유라시아 문명의 시원문화 중심주제를 간단하게 정리해 보기로 하겠습니다.

인간의 문화 창조의 근본주제를 『환단고기』의 『삼성기전』「상편」에서는 첫 문장 한마디로 말합니다. 이 짧은 문장에서 우리들이 찾고자 하는 인생의 모든 주제, 역사문화 주제가 다 이야기되고 있습니다.

'吾桓建國이 最古라.'

우리가 환이 되어 나라를 세운 것이 가장 오래 되었다.

오吾는 나, 우리들 오吾입니다. 그러니까 '오환吾桓' 하면 '우리는 환이다, 나는 환이다, 너도 환이다, 우리 모두는 환이다' 이겁니다. 우주광명 자체라는 것입니다.

이것은 저자 안함로가 대우주 광명세계, 텡그리 신의 마음 자체가 되어서 선언을 한 것입니다. 역사문화의 근본 주제, 우리들의 삶의 목적, 깨달음의 근본 주제가 무엇인가? 기도와 도통의 중심 주제가 무엇인가? 오환吾桓! 우주광명 환桓. 이 '환'을 언제 어디서나 잊어서는 안됩니다.

오환吾桓
우리 모두는 환이다, 우주 만유가 환이다

『태백일사』「삼신오제본기」 첫 문장에 이렇게 적혀 있습니다.

_{상 하 사 방}   _{증 미 견 암 흑}
上下四方이 **曾未見暗黑**하고
_{고 금 왕 래}   _{지 일 광 의}
古今往來에 **只一光明矣**라라

상하와 동서남북 우주에는 일찍이 어둠이 없었고, 예나 지금이
나 영원히 오직 한 광명뿐이라.(『태백일사』「삼신오제본기」)

우주에는 어둠이 없다는 겁니다. 어둠과 빛, 선과 악, 천사와
악마 이런 이분법은 서양 종교의 낡은 사고라는 말이죠.

동방 텡그리 신관에서는, 우주에는 오직 한 광명만이 영원히
살아있을 뿐입니다. 광명 자체가 텡그리, 상제님의 존재 모습입
니다. 빛(광명)이 신이고, 우리 생명의 본성입니다. '환桓'은 서양
인이든 동양인이든 우리들 지구촌 인류의 조상입니다. 동시에
오늘의 우리이기도 합니다.

환국시대 사람들의 삶의 목적은 바로 '환, 우주광명 자체가 되
는 것'입니다. 그래서 사람들이 저마다 환이 되고, 우주 광명 자
체, 텡그리 신 자체가 되었습니다.

그리고 환한 우주 광명 인간을 다스리는 사람, 돌봐주는 지도
자를 '인仁'이라 했습니다. 수메르 사람들도 제사장, 왕을 인EN이
라 했습니다. 그걸 영어 알파벳으로는 EN으로 씁니다. 이 말이
유가에서 인仁 사상이 되고, 고려인·한국인들에게는 '님'이 된 것
입니다. '아, 나의 님이시여. 생명의 님이시여, 진리의 님이시여'
할 때 그 님, 임이 되고, 그것이 임금님, 칸이 된 것입니다.

이것이 바로 '하늘의 광명, 땅의 광명, 인간의 광명'이라는 매

우 중요한 주제입니다. 밝을 환桓 자는 하늘, 천상 광명을 뜻합니다. 단檀은 어머니 땅의 광명입니다. 인간 속의 우주광명은 '한韓'입니다. 한韓은 나라 이름이면서, 모든 지구촌 인간을 진리로써 정명正名하는 호칭이 될 수가 있습니다. '우리는 대한'입니다. 한국인만이 아니라 지구촌의 모든 사람이 다 대한입니다.

이것을 수학으로 정의하면 하늘도 땅도 인간도 텡그리 한마음을 가지고 있기 때문에 천일天一, 지일地一, 태일太一이라 합니다. 인간의 마음은 우주를 다스리기 때문에, 천지의 주인이기 때문에 바로 태일입니다.

기하학 도형으로 보면 하늘은 모든 걸 포용하고 낳기 때문에 원으로 표현합니다. 다음에 어머니 땅은 방정합니다. 그래서 땅은 사각형으로 나타냅니다. 어머니의 기운은 음이기에, 아버지의 모든 생명과 그 진리의 섭리, 창조 이법을 그대로 수용해서 인간과 만물을 기릅니다. 그래서 하늘(아버지)은 양의 근원이고, 땅(어머니)은 음의 근원입니다.

그리고 사람은 천지부모와 한마음으로 사는 것이 삶의 궁극의 목적이므로 정삼각형을 가져옵니다. 이것을 '원圓·방方·각角'이라 합니다.

환桓	단檀	한韓	
원 (하늘 광명)	방 (땅 광명)	각 (인간 속 천지 광명)	三韓
天一 (조화신)	地一 (교화신)	太一 (치화신)	
Spirit to create	Spirit to nurture and edify	Sprit to govern	

텡그리의 한마음, 텡그리의 궁극의 신성, 텡그리의 영원한 생명성이 하늘에도 100%, 땅에도 100%, 인간에게도 100% 동일하게 들어가 있습니다. 텡그리의 모든 조화, 신성, 광명, 이법이 그대로 다 들어있어요.

이것을 천원지방天圓地方 사상이라 합니다. 아버지 하늘은 둥글고, 어머니 땅은 방정하다는 것입니다. 방方은 '모나다'가 아니라 '반듯하다. 바르다'는 방정方正입니다. 그래서 쿠르간의 무덤을 보면 원형인데, 내부는 사각형입니다. 어머니 땅속, 품 안으로 들어가기 때문에 그런 모습을 하고 있는 것입니다.

천원지방 사상이 반영된 쿠르간 카자흐스탄 이식Esik 국립 이식역사박물관

텡그리 문화원전, 천부경

천산 환국에서 나온 인류 최초의 경전이 『천부경』입니다. 불교의 팔만대장경도, 기독교의 구약과 신약도, 유교, 도교, 동서양의 모든 고전철학, 사상, 의식주 생활문화, 예술, 천문학, 지리 모든 것이 다 이 『천부경』에서 왔습니다. 9×9=81, 여든한 자로 되어 있습니다.

상경	일시무시일 석삼극 무진본 一始無始一 析三極 無盡本, 천일일 지일이 인일삼 일적십거 무궤화삼 天——— 地一二 人一三, 一積十鉅 无匱化三
중경	천이삼 지이삼 인이삼 대삼합육 생칠팔구 天二三 地二三 人二三, 大三合六 生七八九, 운삼사 성환오칠 運三四 成環五七
하경	일묘연만왕만래 용변부동본 본심본태양 앙명 一妙衍萬往萬來 用變不動本, 本心本太陽 昂明 인중천지일 일종무종일 人中天地一, 一終無終一

천부경

상경

일 시 무 시 일 석 삼 극 무 진 본
一始無始一 析三極 無盡本

첫 문장이 '일시무시일一始無始一 석삼극무진본析三極無盡本'입니다. 하나에서 만물이 비롯됐는데 그 하나는 지극한 무의 경계에서 비롯됨입니다. 무無는 없다는 게 아니라 텡그리의 생명을 말하는 것입니다.

하나는 모든 것의 시작입니다. 하나에서 온 우주가 비롯됐습니다. 하나에서 모든 생명의 근원이 비롯됐습니다. 우리는 이 하나로 돌아가기 위해서, 그 하나를 체험하기 위해서, 하나의 경계에 머무르기 위해서 오늘도 숨을 쉬며 생존하고 있는 것입니다. '하나'는 또 한마음, 일심一心입니다. 하늘과 땅, 우리와 만물이 한마음으로 사는 것입니다.

하나에서 비롯된 것은 무에서, 지극한 조화경계에서 비롯된 하나입니다. 이 하나가 분화되어 '석삼극析三極', 삼극으로 나눕니다. 세 가지 지극한 것. 하늘과 땅과 인간입니다. 그 인간 가운데서 큰아들, 그 천지 텡그리 신의 대행자가 바로 칸, 대칸인 것입니다.

우리가 온전한 인간, 불멸의 인간, 진리를 깨닫는 인간, 생명의 인간이 되려면 바로 텡그리 신의 생명의 무대, 역사의 무대인 천지부모와 하나 되는 삶을 살아야 됩니다. 텡그리의 생명의 기본 바탕인 천지부모와 한마음이 되는 순간, 빛을 잃어버린 우리 영혼 속에 불이 들어옵니다. 그게 수행세계입니다. 텡그리 문화의 원전이 바로 이『천부경』입니다.

天一一 地一二 人一三
천 일 일 지 일 이 인 일 삼

하늘과 땅과 인간은 텡그리의 한마음을 다 가지고 있는데, 하늘은 양의 근원이니까 '천일일', 어머니는 음의 근원이니까 '지일이'입니다. 사람은 텡그리와 하나이면서 천지부모 기운과 합덕이 되어서 세 번째로 생겨납니다. 진리 대의가 얼마나 간명한가요?

텡그리 문화 원전『천부경』. 이것은 중국에도, 일본에도, 서양에도, 유목문화권에도, 부분적으로 나오기는 하지만, 원본은 안 나옵니다. 오직 대한국인의 문화유산인『환단고기』에 원전이 전해 옵니다.

그다음에 '일적십거一積十鉅', 하나가 계속 운동해 나가면 궁극적으로는 10수 세상이 열립니다. 그래서 세상의 모든 장벽이 무너집니다. 10수 세상, 텡그리의 10수 조화세계가 열리는 것을 '개벽'이라 합니다. 그것을 '앞으로 가을개벽이 된다. 가을 세상이 온다. 후천개벽이 된다'고 합니다. 이것을 근현대사 출발점 동학에서는 '다시 개벽 아닐런가(『용담유사』)'라고 했습니다.

중경

천 이 삼 지 이 삼 인 이 삼
天二三 地二三 人二三

하늘과 땅과 인간은 전부 음양(二)의 이치로 둥글어 갑니다. 하늘과 땅과 사람은 텡그리의 3수 원리, 삼신의 이법으로 존재하고 하나가 됩니다. 그리고 '대삼합육大三合六', 하늘과 땅과 인간이 합일이 됐을 때 영원한 생명, 6을 얻습니다.

생 칠 팔 구
生七八九

인류 문화에는 칠성문화가 있고, 이슬람 문화에도 사원의 기둥이 팔각으로 지어져서 8의 문화가 살아있습니다. 그리고 케레이 아홉 족속은 몽골로 들어가서 열두 개 나라를 세웠습니다. 『환단고기』 환국의 탄생 논리와 일치하는 창세 역사 드라마입니다.

샤 모스크 성당의 팔각기둥　　백색 모스크의 팔각 천장

本心本太陽昂明
<small>본 심 본 태 양 앙 명</small>

『천부경』의 주제는, 우리 생명의 근본은 마음인데 우주의 태양처럼 광명으로 꽉 차 있다는 것입니다.

一終無終一
<small>일 종 무 종 일</small>

하나로 마치고 다시 끝이 없는 하나로 돌아간다는 것입니다. 인생은 무엇인가? '일시일종一始一終'입니다. 나와 이 온 우주는 하나에서 비롯되어서 하나로 돌아간다는 것입니다.

그러니까 우리가 텡그리, 조화신 아버지와 한마음으로 살지 않으면, 이 존재가 해체된다는 것입니다. 인간의 생명의 영원성에 대한 깨달음을 텡그리 문화 원전, 『천부경』에서 얻을 수 있습니다.

중앙 유라시아와 이슬람 문화의 중심에 살아있는 신교 원형문화

현재 중앙 유라시아 문화는 대부분 이슬람 문화입니다. 이슬람 문화 속에 바로 환국·배달·조선에서 내려온 인류 창세문화의 주제가 살아있습니다. 그것을 우리 조선의 문화와 역사서에는 '신교神教'라고 했습니다. '텡그리 신으로서 가르침을 세운다, 텡그리의 신도의 기운을 받아서 가르침을 세운다'는 이신설교以神設教(『규원사화』), 이신시교以神施教(『단군세기』)인데, 그 가르침이 신교입니다. 그것을 최근에 서양 학자들이 샤머니즘, 무당문화라고 한 겁니다.

요즘 말하는 무당은 블랙 샤먼Black Shaman입니다. 블랙 샤먼은 인간의 죽음, 고통, 사고, 재앙에 대해서 푸닥거리를 해 주고, 그

원을 풀어주고, 제사를 지내주는, 기복적인 일을 합니다. 반면에 하늘과 땅과 하나가 되고, 가정과 나라를 다스리고, 인류를 위해서 봉사하는 본래의 신의 마음을 열어주는 사람은 화이트 샤먼 White Shaman이라고 합니다. 이 화이트 샤먼을 다 잃어버렸어요.

이 화이트 샤먼은 과거 성자들, 진정한 대칸들입니다. 살육과 정복만을 위해서 존재하는 게 아니라 진정으로 백성을 사랑한, 진실한 텡그리의 대리자 칸들도 있었습니다. 서양 역사에서 가장 존경하는, 페르시아 제국의 창건자 키루스 제왕도 바로 그런 사람입니다. 포로로 잡혀 있던 유대인들을 풀어준 사람이 키루스입니다. 그런 위대한 관용 정신을 잘 배워둘 필요가 있습니다.

키루스 대제(키루스 2세, 재위 BCE 585~BCE 529)
23개 나라를 정복한 페르시아 제국의 창건자
구약 「이사야서」에는 '기름부어 세우신 이(메시아) 고레스'로 기록됨
바빌론에 잡혀온 유대인 포로들을 풀어줌(BCE 559)

키루스 대제(재위 BCE 585~529)는 23개 나라를 정복한 페르시아 제국의 창건자이다. 인류 역사 최고의 영웅으로 선정된 인물로, 이란 파사르가다에 묘가 있다. 키루스는 '태양'이란 뜻으로 BCE 559년, 바빌론에 끌려와 노예살이를 하던 유대인들을 가나안으로 돌아가 살도록 해주었다. 이와 관련하여 이사야서에는 '고레스에 대해 이르기를 내 목자라 그가 나의 모든 기쁨을 성취하리라 하며'(이사야서 44:28), '여호와께서 그의 기름 부음을 받은 고레스에게 이같이 말씀하시되 내가 그의 오른손을 붙들고 그 앞에 열국을 항복하게 하며'(이사야서 45:1)라 하여 그를 메시아로 기록하고 있다. 키루스 원통에는 "정복활동 때문에 생긴 노예를 해방하고 제국 내 국가들의 전통, 관습, 종교를 존중하고 어떤 신하도 이를 무시하지 못하게 할 것이다."라고 기록하여 그는 정복한 나라의 고유문화를 인정하는 관용의 정치를 행했음을 알 수 있다.

2012년에 완공된 아스타나의 백색 사원, 하드라 술탄Hazret Sultan 모스크를 보면 네 개 기둥 즉 신단수가 있습니다. 이런 것은 일본 스와시에도 4개의 솟대를 세운 스와대사 본궁이 있고, 여러 곳에 대표적으로 살아있습니다. 전체 4개를 세운 이유는 무엇인가? 이것은 사실 칠성문화 일부를 가져온 것입니다.

아스타나
하드라 술탄 모스크(2012년 완공)

'등대'라는 뜻의
첨탑(미나렛) 4개를 세움
= 신단수문화

스와대사 본궁의 4개 솟대

동서 문화의 보편정신

동서의 보편문화에서 보면, 여러 가지 문화코드가 있습니다. 동서 문화의 보편정신, 인류문명의 원형정신이라는 게 있습니다. 문화에도 변하지 않는 유전자가 있는 겁니다. 유목문화라고 해서 맨날 풀밭이나 달리고, 말 타고 달리고, 살육만 하고 문명을 무너뜨리고, 제국을 건설하고 또 공격당해서 무너지는 것이 아니라, 인류문명사를 끊임없이 새롭게 재창조한 인류문명의 역사의 유전자, 원형문화의 유전자가 있습니다.

그것이 무엇인가? 이 지구 문명의 황금시절, 천산 동방에 있었던 12환국으로부터 동서 문명이 분화됐습니다. 나비의 두 날개처럼 지구 문명이 동서양으로 분화됐습니다. 6천 년 전에 중앙아시아 동방이 급격한 기후변화로 날씨가 건조해지고 물이 부족해졌기 때문입니다. 농사도 지을 수 없고, 거주할 수가 없어서 대대적인 이동이 있었습니다. 그때 전 지구촌 동서남북으로 옮겨 가면서, 환국의 인류 원형문화 중심코드를 심은 것입니다.

환국에서 뻗어나간 동서 인류 문명

이것은 어떤 의미가 있는가? 미래적으로 지구촌 인류가 한 가족이 될 수 있는, 지구촌 동서 인류가 모든 사상, 종교, 믿음체계 이런 걸 다 벗어던지고, 진정한 인간으로서 새롭게 한마음으로 만날 수 있는 근거를 여기에서 찾을 수 있습니다. 인류가 보편문화 시대를 맞이할 수 있는 문화발전의 필연적 논리가 유목문화의 원형, 혼 속에 살아있는 주제들입니다.

삼신 칠성 문화

유목문화의 3수 문화가 너무도 가슴 깊이 칸으로부터 일반 백성들, 또 작은 초원의 집, 게르에까지 나타나 있다는 것입니다.

아스타나에 가보면 거대한 천막이 있습니다. '왕의 천막'으로도 번역하는 '한 샤트르Khan Shatyr'인데, 디자인이 너무도 멋있어요. 저 곡선이 현대적으로 볼 때도 아주 잘 지어졌는데, 약간 틀어서 만들었습니다. 저 안에 들어가 보면 거대한 세 개의 신단수 기둥이 있습니다. '하나 속에 셋이 있다(執一含三). 셋은 하나다(會三歸一)'라는 것입니다. 하나에서 세 기둥이 나와 하나의 접점에서 만나는 겁니다.

아스타나의 한 샤트르Khan Sharyt

저것은 영국을 대표하는 세계적인 건축가 노먼 포스터Norman Foster(1935~)가 디자인했습니다. 현대 건축학, 건축 역사에서 가장 멋지게 텡그리의 3수 정신을, 삼신문화 원형을 잘 표현하고 있습니다.

알마티박물관을 가보면, 놀라운 게 있습니다.

고고학 전시관에는 가정과 어린이를 지켜주는 여신이 있습니다. 바로 '텡그리 우마이Tengri Umay'입니다. 이 여신이 삼신할머니와 같습니다. 지금부터 약 1,200~1,400년 전에 새긴 이 텡그리

노먼 포스터(1935~)
Norman Foster
영국의 건축가,
한 샤르트 설계

한 샤르트 내부 현대건축사에서 3수정신, 삼신문화의 원형을 표현한 건축물

우마이를 보면 이마에 삼각형 문양이 있습니다. 왜 삼각형이냐? 아이를 점지하고 가정을 지켜주는 이 텡그리 삼신할머니가 이마에 텡그리의 신성 3수를 썼습니다. 그 모양이 기하학 도형으로 삼각형입니다. 텡그리의 '현상 우주' 표현, 신이 자기 존재를 드러낸 것이 하늘과 땅과 인간입니다. 하늘이 텡그리이고, 어머니 땅이 텡그리이고, 살아있는 모든 인간이 텡그리의 화신입니다.

텡그리 우마이 Tengri Umai. 카자흐스탄 남부 빌라쿨 호수에서 발굴됨.

가정과 아이들을 지켜주는 삼신 텡그리 할머니. 위의 삼각 문양은 삼신의 신성을 상징한다.

카자흐스탄 국립중앙박물관

우즈베키스탄 국립박물관의
곡옥모자에 수놓인 칠성(위)과
삼태성(아래)

그리고 위구르족의 모자를 보면, 삼신과 칠성이 박혀있습니다. 중심에 있는 것은 곡옥曲玉이라 합니다. 일본인들이 해석을 잘못해서 곡옥이라 했는데 사실은 인간 영혼의 밝은 광명을 상징한 대명신주大明神珠입니다. 인간 속의 원래 '우주광명의 중심 씨앗'을 해석해서 저렇게 만든 겁니다. 그리고 삼신과 칠성이 아주 절묘한 구도를 잡고 있습니다.

아스타나에 있는 피라미드, 평화와 화해의 궁전(Palace of Peace and Reconciliation)에서는 '세계 및 전통 종교 지도자 대회(Congress of Leaders of World and Traditional Religions)'가 3년에 한 번씩 열립니다. 이 건물도 영국 건축가 노먼 포스터의 작품인데, 2천 명의 건축가가 달려들었다고 합니다.

전체적으로 이 피라미드는 1, 3, 5, 7, 9 삼각으로 구성돼 있습니다. 각 삼각형은 정삼각형인데, 이 정삼각형 문양은 텡그리(신)의 마음, 바로 신의 자기 존재의 현현, '신이 하늘과 땅과 인간으로 나타나는 일체감'을 표현한 것입니다. 기독교의 '성부, 성자, 성령'의 삼위일체의 원형사상이 바로 이 삼신일체, 하늘·땅·인간은 일체라는 데에서 나온 것입니다.

이처럼 유목문화의 그 문화정신에는 삼신과 칠성이 있습니다.

게르(이동가옥 유르트yurt)의 천장에 구멍을 내어서 거기에다 우물 정井 자처럼 만든 것이 '샹으락'입니다. 저 문양이 사실은 우물 정井 자인데, 이해하기가 아주 어려워요. 지금 문화 원류정신을 다 잃어버렸습니다.

평화와 화해의 궁전
Palace of Peace and Reconciliation
아스타나, 영국의 건축가 노먼 포스터가 설계

1

3

5

7

9

샹으락Shanyrak 유목민들의 이동식 가옥으로, 우물 정# 자 형 천장이 있다.

원십자 문화

그다음에 원십자 문화가 있습니다. 천산 아래 게르에도 다 원
십자[十]가 있습니다. 원십자[十]는, 사람을 매단 로마의 형틀인
기독교 십자[十]가 아닙니다. 우주의 존재가 정동서남북으로 반
듯하듯이, 인간의 생명은 몸과 마음이 반듯해야 된다고 생각한
것입니다. 원십자 문화는 절의 만卍 자 문양으로도 표현되고, 여
러 가지로 변형이 되었습니다.

천산 카자흐족 마을의 유르트에 새겨진 원십자 문양

몽골 게르 천장의 원십자 문양

원십자 → 불교의 만자

용봉문화

텡그리의 신권, 종통권을 상징하는 것이 용龍과 봉鳳입니다. 용봉은 모든 유목문화 제국뿐만 아니라 아프리카까지도 그 문화가 살아있습니다. 천지의 물을 다스리는 자연신이 용이고, 천지의 불을 다스리는 자연신이 봉황입니다.

봉황이 서역을 넘어서 중동이나 그리스 정도 가면 그리핀griffin으로 바뀌어 버립니다. "왕좌의 게임Game of Thrones"을 보면 용도 불을 뿜습니다. 그건 유전자가 잘못된 용입니다. 원형문화가 서양으로 넘어가면 문화 상징원리를 이렇게 잃어버리기도 합니다.

그리스 사모스 섬 바씨박물관의 그리핀

동양의 봉황이 그리핀Griffin으로 변형됨

카자흐스탄 국립중앙박물관 쿠르간 모형

미노아 문명의 중심 그리스 크레타 섬의 크노소스궁 벽화(그리핀)

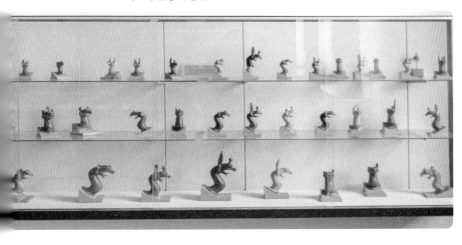

몽골 울란바토르 박물관에 있는 몽골 여왕의 왕관을 보면 봉황이 죽실竹實을 물고 있습니다. 봉황은 대나무 열매인 죽실을 먹습니다. 입에다가 죽실을 물려줘야 진짜 봉황이 되는 겁니다. 그리고 머리에는 깃이 세 개가 나야 됩니다. 삼신을 상징하기 때문입니다. 이것이 삼록, 태양새, 봉황새입니다.

몽골 울란바토르의 국립역사박물관

왕비 금관의 봉황문화와 죽실 붉은 부분

그리핀 장식 모스크바 역사박물관, BCE 5~4세기

우즈베키스탄 티무르 박물관에는 티무르 제국을 건설한 티무르Timur(1336~1405)와 관련된 유물들이 있습니다. 티무르는 몽골·투르크계의 후손입니다. 우측에 신단수가 있고, 중앙의 사자 아래 삼원三圓문양, 3수가 있습니다. 그리고 좌측에는 아주 멋들어진 봉황새가 있습니다.

티무르Timur(중앙)**와 신단수**神壇樹(우측), **삼원**三圓 **문양, 봉황**
우즈베키스탄 아미르티무르 박물관

용과 봉황의 문화는 어디서 왔는가? '시베리아의 파리Paris라 불리는 도시, 이르쿠츠크가 바이칼 호 옆에 있는데, 그곳의 향토 박물관을 가니까 이상한 동물의 화석이 걸려 있었습니다. 박물관에서는 '최초의 용 문양'이라고 했지만 악어입니다. 그런데 악어는 그 지역에서 살지 않았습니다.

러시아 이르쿠츠크 향토박물관

25,000년 전 최초의 용으로 여겨진 악어 이르쿠츠크 박물관

지구촌 사람들은 '용' 하면 중국을 떠올립니다.

그런데 4~5천 년 된 중국 용의 원형보다 2천 년 이상 앞선 용 문화의 원형이 나왔습니다. 사해查海 문화에서 출토된 용 문화의 원형은 7,600년 전의 것입니다. 그리고 그릇에 새겨진 봉황문화의 원형은 조보구趙寶溝 문화에서 나왔는데 보통 7,000~6,400년 전의 것으로 잡습니다.

중국이 문화를 다 가져가서 '중화제일용中華第一龍, 중화제일봉
中華第一鳳'이라 하고 있습니다. 천지의 물과 불을 다스리는 것이
용봉문화입니다. 유라시아의 모든 대칸들은 '내가 천신(텡그리, 삼
신 상제님)의 아들, 대행자'라고 생각했는데, 그 상징이 바로 용봉
입니다.

오스만투르크의 제7대 술탄, 메흐메트 2세가 터키 이스탄불에
세운 톱카프 왕궁박물관에 있는 술탄, 대칸의 칼에 용龍이 있고,
오스트리아 남부 할슈타트Hallstatt 박물관에도 옛 흉노족 왕의 칼
에도 용龍이 있습니다.

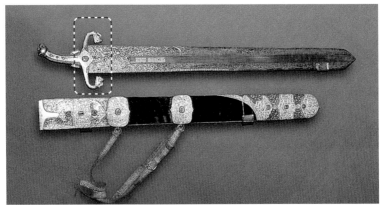

용 장식의 오스만 검 터키 이스탄불의 톱카피 왕궁 박물관

용 장식의 할슈타트 검 독일 남부 오스트리아 할슈타트 박물관

이 지구촌의 용봉문화는 사실 좀 변형됐을 뿐이지 마야문명에도 있습니다. 멕시코에 가서 옥으로 몸을 덮은 유명한 파칼Pacal 제왕(603~683)의 무덤을 직접 봤는데, 석관 뚜껑에 용봉이 음양 짝으로 돼 있습니다.

마야 문명의 전성기를 누린 파칼Pacal 왕(603~683)과 용봉문화

신단수문화

다음으로 신단수 문화가 있습니다. 신단수는 무엇인가? 텡그리(천신)와 내가 하나로 만나는 신의 나무입니다. 거룩한 나무, 생명의 나무, 영원히 사는 생명의 나무입니다.

기독교에도 '생명의 나무The Tree of Life'와 '선악의 나무The tree of the Knowledge of Good and Evil'가 있습니다. 생명의 나무와 하나가 될 때만 영생을 합니다. 그런데 선악의 나무는 시비, 분별지分別智에 떨어진 것입니다. 그러니까 현상적인 마음의 세계에 머물면 인간은 죽는 것입니다. 그것은 분별이기에 진리를 못 보는 겁니다. 우주의 광명, 환桓의 세계에 누구도 영원히 결코 들어갈 수가 없다는 것입니다.

선악의 나무라는 것은 인간의 의식, 마음의 현상을 이야기하는 것입니다. 불가에서는 이 마음을 어떻게 하라는 것인가?

放下着　내려놓아라

분별지가 떨어지면 그 경계가 바로 부처님이라는 겁니다. 달마
達磨(?~528 추정)가 한 말이 있습니다.

心是佛
심 시 불
네 마음이 부처다 (『달마어록』「혈맥론血脈論」)

그 이외는 모든 게 진리가 아니라는 말입니다.

불가는 우주의 이법을 근본으로 하는 심법이 좀 약하지만, 이
마음법에는 그 마음이 구성되는 우주의 이법(변화이법, 생성이법)이
있습니다.

이 세상 모든 나무에 다 신이 내
려오는 건 아닙니다. 그 지역의 성산
聖山, 가장 거룩한 산에 있는 나무를
보고, '아, 이건 참 신성한 나무다'
해서 신단수로 모십니다. 동네에 아
이를 낳기 위해서 기도하는 당산목
이라는 것도 있습니다.

『환단고기』에 보면, 환웅천황이
내려오셔서 텡그리 신에게 제일 먼저
기도를 하고 천제를 지낸 곳을 비서
갑斐西岬이라고 했습니다.

비 서 갑   대 일 왕 제 천 지 소 야
斐西岬 … 大日王祭天之所也라

비서갑은 … 대일왕(환웅천황)께서 천제를 올리시던 곳이다.

(『환단고기』「삼한관경본기」)

비서갑을 다른 말로 송악松岳이라고 합니다. 송악이 어디에요? 바로 고려의 수도 개성, 개경을 송악이라고 합니다. 송악의 송은 소나무 송松 자인데, 소나무는 '모든 나무의 머리, 근본이 된다' 해서 옛날에는 텡그리의 대행자 칸, 대왕, 황제가 소나무를 베어다가 왕궁의 주요 건축재로 사용했습니다. 그래서 '우두머리'라는 뜻의 '솔'에 나무를 합성해서 '솔나무, 소나무'라고 하는데 이것이 신단수의 으뜸이 된 문화입니다. 으뜸이 되는 소나무라는 것입니다.

우리나라에 유명한 성조가成造歌에 '솔씨'를 받아다가 궁전을 짓는다는 내용이 있습니다. 성조신이라 해서 집을 지으면 그 집을 지켜주는 주신이 있어요. 그 성조成造란 분이 단군왕검 때 건축을 담당한 건설부 장관입니다.

신단수는 어디서 온 것인가? 『산해경』에 이렇게 기록되어 있습니다.

백 민 지 국 재 용 어 북
白民之國在龍魚北 …

숙 신 지 국 재 백 민 북 유 수 명 왈 웅 상
肅愼之國 在白民北 有樹名曰雄常

'백민의 나라'는 '용어'의 북쪽에 있다. … '숙신의 나라'는 '백민의 나라'의 북쪽에 있는데, 웅상이라는 이름의 큰 나무가 있다.

(『산해경』)

웅상은 영원히 존재한다는 것이 아니라, '동방의 첫 나라를 세우신 시조 커발환 환웅천황이 항상 살아계신다'는 뜻입니다. 우주광명 마음법을 전해 주신 그분의 은혜와 영광과 가르침이 우리 가슴에 항상 영원히 살아있다는 것이 웅상입니다.

독일의 베를린 페르가몬박물관을 가보면 환웅상桓雄像이 거기에 그대로 있습니다. 한 기둥에 세 얼굴을 동시에 새겨 놓은 '인면상人面像 삼각비'가 있는데 그걸 보고 깜짝 놀랐습니다. 텡그리의 신권을 대행한 최초의 대칸인 환인천제, 환웅천황, 단군왕검을 옛사람들이 그렇게 모신 것입니다.

그리스 밀레토스에서 발굴된 인면상 삼각비(CE 200)
한 기둥에 세 얼굴을 조각해 놓음. 커발환 환웅천황을 모신 웅상雄常 문화와 상통함.

페르세폴리스 아파나다궁의 부조 조공을 바치러 온 사신 행렬 주변으로 신단수가 보인다.

바티칸 박물관의 솔방울 정원 Cortile della Pigna에 있는 4m 크기의 청동 솔방울

놀라운 걸 한번 볼까요? 이란의 페르세폴리스는 예전에 아케메네스 왕조(BCE 559~BCE 330)의 수도였습니다. 페르세폴리스의 아파나다궁을 가보면 부조浮彫에 23개국에서 조공을 바치러 오는 사자들의 행렬이 새겨져 있는데 그 옆에 신단수(측백나무)가 있습니다.

바티칸 박물관의 피냐정원Pigna Courtyard에도 솔방울Pine-Corn이 있습니다. 이걸 왜 갖다 놓았는지 그 문화코드를 읽을 수 있는 사람이 몇이나 될까요? 소나무는 인류 역사의 원형문화 정신, 신단수 문화의 대표적인 상징 중의 하나입니다.

유럽의 신단수 문화 오스트리아에
는 마을의 대소사 때 염주나무에
서 함께 기도하는 문화가 있다.

　유럽에는 신단수 가운데 염주나무가 있습니다. 마을의 대소사
나 중요한 일을 결정할 때, 경사가 날 때 여기에 사람들이 모여
서 기도하고 감사를 드립니다. 기독교가 들어온 이후로도 발틱
3국에서 '염주나무에는 삼신이 있다, 텡그리 삼신이 있다'고 믿
었습니다. 이런 믿음을 가지고 여자들이 제물을 차려놓고 자손
을 달라고, 아이를 달라고 기도합니다.

　오스트리아에는 오월주Maypole 나무가 있고, 남자 여자 짝을
채우는 신단수 놀이문화도 내려오고 있습니다.

오스트리아의 신단수 문화
오월주Maypole 세우기

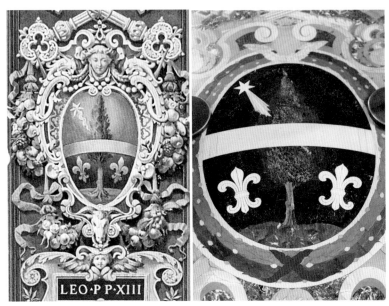
바티칸 박물관의 천장(좌)과 바닥(우)의 신단수

베드로 박물관의 '촛대의 방' 바닥과 천장 문장紋章에 신단수 문화 원형이 있습니다. 거기에 보면 카자흐스탄 국장과 같이 별이 있습니다.

옥문화

옥문화는 사실 동북아에 있는 홍산문화에서 나온 옥보다도 천산과 곤륜산에서 나오는 화전옥和田玉이 더 유명합니다. 이곳이 옥의 원산지인데, 다섯 가지 색의 옥이 다 나와서 그것을 보고 큰 감동을 받았습니다.

신장위구르자치구 돈황시 옥 상가의
오색 화전옥和田玉

상투문화

왜 상투를 틀었는가? 상투는 봉건 잔재가 아니라 인류 원형문
화의 상징입니다. 칸이 되려면 '텡그리와 내가 한마음이 되겠다,
텡그리와 나는 한마음이다'라는 것을 상징하기 위해 상투를 트
는 것입니다.

상투는 윗 상上 자에다가 북두칠성 두斗 자를 씁니다. 천상의
두성, 천상의 북두칠성이라는 뜻입니다. 모든 인간은 이 별에서
인간의 육신을 받아서 인간 몸으로 태어납니다. 그래서 하늘의
텡그리와 인간이 한마음이 되어 신성을 발현하고 도통을 이루는
것은 상투문화의 생활 속에서부터 이루어진 것입니다. 「소학小
學」을 보면, 아침에 일어나서 상투를 매만진다는 내용이 있습니
다. 생활의 처음, 그 시작이 상투를 바로하는 것입니다.

계 초 명   함 관 수   즐 쇄 계 총
鷄初鳴이면 **咸盥漱**하며 **櫛縱笄總**이라.

첫닭이 울면 모두 세수와 양치질을 하며, 머리를 빗고 치포건을 쓰며, 비녀를 꽂고 상투를 잡아맨다. (『소학』「명륜」)

홍산유적에서는 옥고가 나왔고, 오한기敖漢旗 초모산草帽山 유적에서는 단군조선 시대의 상투가 나왔습니다. 상투가 있는 석조상은 내몽골 오한기에서 나온 것으로 5,500년 전 것입니다.

상투를 튼 양하이인〔洋海人〕 인물상은 신장위구르자치구 투르판박물관에서 나온 건데, 스키타이 문화권입니다. 스키타이 사람들도 카자흐스탄에서 한 5백 년(BCE 700~BCE 300)을 거주했습니다. 스키타이 문화권이기 때문에 저런 큰 상투를 틀었습니다.

오한기 초모산 유적에서 발굴된 5,500년 전 상투 조상彫像
(중국 내몽골자치구)

상투용 옥고
(요령성 박물관)

3,000년 전 스키타이 문화권의 상투를 튼 양하이안 인물 복원상(투르판박물관)

원형문화 정신을 상징하는 카자흐스탄의 황금인간

마지막으로 카자흐스탄의 황금인간The Golden Man을 통해서 모든 인류 문화의 원형인 유목문화의 시원 정신을 정리해 보겠습니다.

황금문화는 유목문화권에서 꽃피웠습니다. 유목문화는 말 타고 다니면서 전쟁이나 하고 정복하는, 야만적인 살육의 문화가 아닙니다. 인류의 원형문화 정신을 생활화하면서, 텡그리 신과 하나가 되면서 대칸과 전사가 한마음이 되었습니다. 유목문화 생존환경에서는 사람들이 항상 이동합니다. 언제 습격을 받을지 모르니 가장 강력하고 자신들의 생사를 지켜주는 절대군주 같은 왕을 필요로 합니다.

남쪽에 농경 정주문화를 가진 진나라, 한나라 같은 제국이 있었다면, 북방에는 거기 대응하기 위한 흉노와 더 강력한 대칸이 출현했습니다. 코미타투스는 대칸과 텡그리 신앙을 함께 하고 기도를 하면서 삶과 죽음을 언제나 같이했습니다. 코미타투스는 문화 창조 결사대였습니다.

유목문화에서 이 텡그리 신앙은 기독교나 불교와 좀 달랐습니다. 이슬람교 창시자인 무함마드(570~632)가 사업을 하면서 이

무함마드Muhammad(570~632)
이슬람교 창시. 아라비아 상인 출신. 유목문화권을 석권

문화를 키웠기 때문에 유목문화권을 석권한 것입니다. 이것도 아주 재밌는 이슬람문화 정신의 한 예입니다.

스키타이 황금문화는 과거 소련 정부 시절 1969년 이식 쿠르
간에서 발굴됐습니다. 이것은 스키타이의 한 부족인 사카Saka족
이 2,800년 전에 만들어서 묻은 것입니다. 이식을 갔는데 쿠르
간이 전체로 보면 천 개도 넘을 것이라 합니다. 쿠르간의 원형
봉분은 하늘의 마음, 텡그리의 마음을 상징합니다.

1970년 카자흐스탄 이식 황금인간 발굴(스키타이인)

1970년 카자흐스탄 이식 황금인간 발굴 현장(스키타이인)

크고 작은 수십 기의 쿠르간

누묵칸베토브Bekmukhan-
bet Numukhanbetov
(1935~2016)

이 박물관 주인 누묵칸베토브(1935~2016) 박사님이 작년에 돌아가셨는데, 이걸 발굴할 때 같이 참여한 분입니다. 큰 쿠르간을 도굴당하고 작은 쿠르간을 발굴하면서 '15m만 더 파자'고 했을 때 황금인간이 나왔다고 합니다.

제1 황금인간은 금 조각이 4천 개로 이루어졌는데, 모자 위를 보면 네 개의 화살이 있습니다. 이것은 정 동서남북으로 국경을 수호하고 천하로 뻗어나간다는 개척정신을 상징합니다.

이 황금갑옷은 의전용 의상입니다. 금 조각 장식이 화살촉 모양인데, 전체 문양은 대세가 삼각형으로 돼 있습니다. 이 배 쪽에 버클buckle이 세 개 있는데, 거기에 그리핀 모양의 장식이 있습니다. 봉황새가 변형된 것이 그리핀입니다.

코미타투스는 항상 칸을 모시고 텡그리를 받들면서, 나라를 지키고 백성을 지키고, 칸과 생사를 함께했습니다. 황금갑옷의 화살촉 문양은 무엇인가? 화살에 대한 노래가 『단군세기』를 보면, 시조 단군왕검의 아들 부루 태자가 지은 노래, 어아가於阿歌에 있습니다.

어아 어아
착한마음 큰활되고 악한마음 과녁 되네
백백천천 우리모두 큰활줄 같이 하나 되고
착한마음 곧은 화살 처럼 한마음 되리라
어아 어아
백백천천 우리모두 큰활처럼 하나되어

수많은 과녁을 꿰뚫어 버리리라(『단군세기』〈어아가〉)

이 세상의 모든 어둠, 악을 걷어낸다는 것입니다.
인간이 마지막 날려야 되는 진정한 인생의 화살은 어
디를 향하는가? 우리의 생명과 진리, 삶의 근원을 향
하는 것이 황금인간 갑옷의 가슴에 잘 나타나 있습
니다.

모자에 있는
4개의 화살

그리핀 모양의 허리띠 장식   화살촉 모양의 금제 삼각장식

살아있는 모습으로 재현된 황금인간은
장검을 들고 있습니다. 왼쪽에 맨 장검은
왕이 아니고 왕의 대행자 코미타투스를 상
징합니다. 예전에 칸들은 제국을 창조하고 경
영하기 위해서 생사를 함께하는 특수 전사들(코
미타투스, 로가데스)을 자기 아들처럼, 자기 생명처럼
보살펴주고 모든 전리품을 하사했습니다.
　유목문화 역사정신의 근본은 바로 『환
단고기』의 첫 문장에서 말하는 '오환衁桓'
입니다.

황금인간의 장검

우리는 우주광명이다.
우리는 살아있는 텡그리 신 자체다.

그것을 기하학으로 보면 하늘은 둥글고, 모든 것을 포용하고, 모든 것과 조화가 됩니다. 어머니 땅의 정신은 하늘의 마음과 창조의 이법을 받아서 모든 생명을 한없는 사랑으로 길러내는 것입니다. 그러기 때문에 인간은 살아있는 텡그리로서, 하늘땅과 한마음, 한 생명, 한 몸이 될 때 영원히 살 수 있습니다. 진정한 텡그리(삼신상제님)의 아들과 딸이 될 수 있는 것입니다.

우주광명의 본래 마음을 회복하는 태을 공부

황금인간의 몸에 나타난 진리가 향하는, 인간의 역사문명이 향하는 궁극의 목적지가 근현대사의 주제인 '개벽'입니다.

지구의 일 년처럼 우주에도 사계절이 있습니다. 텡그리(삼신상제님)가 주재하시는 우주의 우주 일 년은 129,600년입니다. 봄

여름은 선천 5만 년, 그리고 앞으로 오는 가을 문명은 후천 5만 년입니다. 지금은 여름철 말에서 가을로 넘어가는 하추교역기夏秋交易期, 우주의 환절기입니다. 봄은 텡그리가 하늘에서 인간 씨 종자를 뿌리고, 여름에는 기릅니다. 그리고 가을에는, 봄여름에 기른 뿌리와 줄거리, 이파리의 진액을 다 거두어서 열매를 맺습니다.

참동학 증산도 문화사상은 종교가 아니라 앞으로 오는 가을 문화, 생활문화입니다. 삼신 텡그리께서 동방에 신교 삼신문화의 원형을 가지고 오신다는 것입니다. 이것이 바로 동학에서는 말하는 '시천주侍天主 조화정造化定'입니다.

공자·석가·예수 성자를 내려 보내신
아버지 천주님이 직접 오셔서
후천 5만 년 새 세상을 선언하신다.

황금인간의 문화정신은 무엇을 말하는가? 하늘과 땅과 인간은 한마음의 의식 경계에서 머물러야 한다는 것입니다. 근대 역사 출발점에서 텡그리(성부 천주님)가 직접 내려주신 주문이 있습니다.

侍天主呪
시 천 주 주

侍天主造化定 永世不忘萬事知 至氣今至願爲大降
시 천 주 조 화 정 영 세 불 망 만 사 지 지 기 금 지 원 위 대 강

앞으로 천지의 원주인 텡그리의 세상이 되기 때문에 그분을 모셔야 합니다. 앞으로 열리는 새 가을 우주 개벽의 광명 세상, 새 세상의 모든 진리 정신을 내 마음에 담아서 결정을 지어야 된다는 것이 '시천주 조화정'입니다. 이것을 『천부경』에서 천일·지일·태일이라고 한 것입니다. 크게 하나가 된 태일이 바로 그 황금인간의 정삼각형 문양입니다.

우리들의 삶을 이 태일, 텡그리의 천지 마음과 하나가 되게 해주는 주문이 바로 참동학에서 나온 천지의 조화 텡그리의 주문, 태을주입니다.

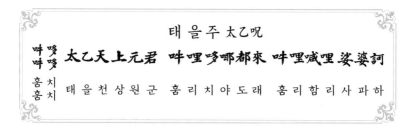

태을주를 읽고 다니면 텡그리의 조화권이 발동됩니다. 카자흐스탄의 국장에 있는 북극성이 바로 태을천입니다. 태을천을 통해 태을천 상원군님의 기운을 직접 받습니다. 태을주 주문을 읽으며 카자흐스탄 국장에 있는 북극성(태을천)의 조화기운을 받으시길 바랍니다.

어떻게 하면 한국인과 카자흐스탄의 형제자매들과 고려인이 하나가 될 수 있는가? 우선 역사문화의 잃어버린 원형, 인류 창세문화의 유전자를 되찾아야 합니다. 카자흐스탄 문화에서, 서책을 통해서, 지구 문화 유적지에 있는 내용을 통해서 전 지구촌 인류는 9천 년 전, 천산 아래에 있던 환국에서 동서로 갈라져 나가며 문화도 문명도 달라졌지만, 그 원형에는 삼신 텡그리의 문화가 있다는 것을 깨달아야 합니다.

나자르바예프 대통령이 새 문명 인재를 기르기 위해서 수도 아스타나에 자신의 이름을 딴 나자르바이예프 대학을 세웠습니다. 여기 마르크 블로크Marc

마르크 블로크Marc Bloch
(1886~1944)

Bloch(1886~1944)라는 프랑스 사학자가 '역사는 변화의 과학이다 History is the science of changes.'라는 말을 했습니다.

그러면 자연과 인간과 인류문명 변화의 대세를 어떻게 알 수 있는가? 인문과학과 자연과학과 동서 철학의 원류, 곧 천산에서 나온 인류 원형문화 경전『천부경』을 통해서 알 수 있습니다. 환국·배달·조선, 북부여·고구려·남북국, 고려·조선, 지금 남북분단의 9천 년 역사가 있습니다. 또 현대사의 서두에서 나온 이 동학, 참동학에서는 '앞으로 인류는 가을 우주 시대로 들어간다'고 했습니다. 한마디로 개벽입니다!

이 우주와 인간과 문명의 질서가 어떻게 바뀌는가?

그동안은 전체 우주의 틀이 기울어져 있었습니다. 우주도, 하늘땅도, 모든 별들도 동북으로 기울어져 있었습니다. 그래서 선천 봄여름은 우주가 상극으로 기울어져서, 서로 경쟁하고, 대결하고, 충돌하고, 전쟁을 하면서 말할 수 없는 원한이 하늘과 땅에 꽉 들어찼습니다. 그 원한의 역사가 가장 중첩된 곳이 바로 유라시아의 심장부, 카자흐스탄입니다. 이곳에서 많은 전사들의 죽음이 있었습니다.

선천 우주 텡그리의 강렬한 창조 이법인 상극相克이 가장 격렬하게 충돌한 카자흐스탄에서 다시 인류문화가 융합하고 조화를 이루며 텡그리의 심법, 바로 상생相生으로 넘어가는 것입니다.

상생의 가을 천지, 새 문명의 개벽 세상을 여는 계기가 카자흐스탄 알마티 『환단고기』 콘서트에서 이루어질 것을 소망합니다.